U0141642

原典作者：第三世大寶法王 噶瑪巴讓炯多傑

釋論作者：具有「見解脫」功德的橘寶冠持有者　國師嘉察仁波切

གོ་ཤྲི་རྒྱལ་ཚབ་པའི་ཞབས་བརྟན། །

國師嘉察仁波切長壽祈請文

རྒྱལ་ཀུན་ཐུགས་ཀྱི་རྡོ་རྗེ་གསང་བའི་བདག །

賈昆 突吉 多傑 桑偉達

諸佛心之金剛秘密主，

རྒྱལ་གསུང་བཀའ་ཡི་སྡུད་པོ་ཀུན་དགའ་བོ། །

賈松 噶宜 讀波 昆噶哦

佛語言教總集阿難陀，

རྒྱལ་མཆོག་ཀརྨ་པ་ཡི་གདུང་འཛིན་པ། །

賈秋 噶瑪 巴宜 敦錦巴

勝王噶瑪巴尊之法嗣，

རྒྱལ་ཚབ་གོ་ཤྲི་ཆེན་པོའི་ཞབས་བརྟན་གསོལ། །

嘉察 國西 千波 俠滇梭

國師嘉察尊足祈堅固！

གཙ་པ་བཅུ་བདུན་པས། །
第十七世噶瑪巴 敬署

就是這樣

《了義大手印祈願文》釋論

原典作者：第三世大寶法王噶瑪巴 讓炯多傑

原典譯者：羅卓仁謙

釋論作者：國師嘉察仁波切

釋論譯者：堪布羅卓丹傑

目次

因為悲憫，所以洩天機

這是「傳家寶」。

藏傳佛法噶舉黃金珠鬘傳承，有一個「子子孫孫永寶用」的傳家寶，它是一把可以幫你開啟自心寶藏的神奇鑰匙，但它又很直接、很平常，很容易當面錯過——它是「大手印」。

大手印超越語言文字，只能自己用心去印證；但前輩成就者們因為大悲憫，不忍心後代行者走太多冤枉路，忍不住留下一些「由此進」的線索，這就是為什麼「離言詮思」的大手印，卻留下了紀錄證悟心法的文字經典。

第三世大寶法王噶瑪巴讓炯多傑所著的《了義大手印祈願文》，就是這種「因為大悲心，所以洩天機」的經典，就是噶舉自宗的道次第，就是黃金珠鬘傳承永寶用的傳家寶。

2018年2月,在佛陀成道的聖地金剛座印度菩提迦耶,第35屆噶舉大祈願法會前行課程中,奉傳承持有者 第十七世大寶法王諭示,法王子國師嘉察仁波切開示《了義大手印祈願文》要義,集結為書,即是《就是這樣:了義大手印祈願文釋論》的緣起。

傳統上都相信,一個重大的傳法因緣會有五殊勝,《就是這樣》正是如此:

一、**法殊勝**：這是能令自心實相全然現前的珍貴大手印法。

二、**說法者殊勝**：這是第三世大寶法王噶瑪巴讓炯多傑所著的原典，教證雙融的國師嘉察仁波切逐偈宣說的釋論。

三、**時圓滿**：在全球佛弟子聚集，為世間安樂、眾生解脫而修持的祈願法會上宣說。

四、**地圓滿**：宣說地點是最有加持力的「聖地中的聖地」佛陀成道地「金剛座」菩提迦耶。

五、**聞法者殊勝**：發願依大手印法了悟自心本性的人，就是大手印法的眷屬眾，那是指當時「人在現場」的人，更是現在努力讓自己「心在現場」的人。

誠如當時擔任複講的禪修大師明就仁波切所說：「看起來是祈願文，但其實是大手印的修持藍圖，大手印的見修行都包含在其中。」以祈願文的形式，將大手印的實修口訣放在其中，次第井然，讓心的實相從模糊而浮現輪廓，幫助我們親見法爾如是的生命真相，「就是這樣」，坦露眼前。

宣說祖師的大手印經典，結集出書，對弘揚教法和利益眾生都是件大事，為求慎重，國師嘉察仁波切的主寺大吉祥寺喇嘛李通，特別逐字謄打仁波切藏文開示，全文校正修訂；尤其是仁波切更親自校訂增刪，以示鄭重，尤為珍貴難得。現場譯者堪布羅卓丹傑，也依此全部重新逐字藏中對校，希望能利益有心依此聞思修的大手印行者。

眾生出版社有幸恭逢如此法、人、時、地等五殊勝因緣，敬將說法內容付梓成冊，感謝十方，感謝一切因緣的成就，並願此書能讓更多有緣人同霑法益，共成佛道。

眾生文化 合十

〈緣起與感謝〉因為悲憫，所以洩天機

原典

作　者：第三世噶瑪巴讓炯多傑

藏譯中：羅卓仁謙

ཕྱག་ཆེན་སྨོན་ལམ། །
《了義大手印祈願文》

第三世噶瑪巴讓炯多傑／著　　羅卓仁謙／譯

頂禮上師！

བླ་མ་རྣམས་དང་ཡི་དམ་དཀྱིལ་འཁོར་ལྷ། །ཕྱོགས་བཅུ་དུས་གསུམ་རྒྱལ་བ་སྲས་དང་བཅས། །

བདག་ལ་བརྩེར་དགོངས་བདག་གི་སྨོན་ལམ་རྣམས། །ཇི་བཞིན་འགྲུབ་པའི་མཐུན་འགྱུར་བྱིན་བརླབས་མཛོད། །

一切上師壇上本尊天，十方三世諸佛佛子眾，
謹祈為我證明所發願，咸皆順利如理而成就。①

བདག་དང་མཐའ་ཡས་སེམས་ཅན་ཐམས་ཅད་ཀྱི། །བསམ་སྦྱོར་རྣམ་དག་གངས་རི་ལས་སྐྱེས་པའི། །

འཁོར་གསུམ་རྟོག་མེད་དགེ་ཚོགས་ཆུ་རྒྱུན་རྣམས། །རྒྱལ་བ་སྐུ་བཞིའི་རྒྱ་མཚོར་འཇུག་གྱུར་ཅིག །

我等無量一切有情聚，加行意樂清淨雪山中，
流出三輪無垢善根河，唯願歸入勝者四身海。②

ཇི་སྲིད་དེ་ལ་ཐོབ་པ་དེ་སྲིད་དུ། །སྐྱེ་དང་སྐྱེ་བ་ཚེ་རབས་ཀུན་ཏུ་ཡང་། །

 སྡིག་དང་སྡུག་བསྔལ་སྒྲ་ཡང་མི་གྲག་ཅིང་། །བདེ་དགེ་རྒྱ་མཚོའི་དཔལ་ལ་སྤྱོད་པར་ཤོག །

祈願未能如是成就前，生生世世不聞罪惡聲，
及以苦痛哀鳴皆寂靜，享用善樂吉祥汪洋聚。③

དལ་འབྱོར་མཆོག་ཐོབ་དད་བརྩོན་ཤེས་རབ་ལྡན། །བཤེས་གཉེན་བཟང་བསྟེན་གདམས་པའི་བཅུད་ཐོབ་ནས། །

ཚུལ་བཞིན་སྒྲུབ་ལ་བར་ཆད་མ་མཆིས་པར། །ཚེ་རབས་ཀུན་ཏུ་དམ་ཆོས་སྤྱོད་པར་ཤོག །

得勝暇滿具足信勤慧，依止善師承口訣精華，
如理修持願皆無障礙，生生世世實踐正法寶。④

ཡུང་རིགས་ཐོས་པས་མི་ཤེས་སྒྲིབ་ལས་གྲོལ། །མན་ངག་བསམ་པས་ཐེ་ཚོམ་མུན་ནག་བཅོམ། །

སྒོམ་བྱུང་འོད་ཀྱིས་གནས་ལུགས་ཇི་བཞིན་གསལ། །ཤེས་རབ་གསུམ་གྱི་སྣང་བ་རྒྱས་པར་ཤོག །

善聞教理解脫無明障，善思口訣毀滅疑惑闇，
修生光芒如理明實相，唯願三慧光明漸增長。⑤

ཐུག་ཆད་མཐའ་བྲལ་བདེན་གཉིས་གཞི་ཡི་དོན། །སྒྲོ་སྐུར་མཐའ་བྲལ་ཚོགས་གཉིས་ལམ་མཆོག་གིས། །

སྲིད་ཞིའི་མཐའ་བྲལ་དོན་གཉིས་འབྲས་ཐོབ་པའི། །གོལ་འཁྲུགས་མེད་པའི་ཆོས་དང་ཕྲད་པར་ཤོག །

離常斷邊二諦即根理，離增損邊二聚勝道力，
成就遠離有寂二利果，願值如是無謬無誤法。⑥

གསལ་གཞི་སེམས་ཉིད་གསལ་སྟོང་ཟུང་འཇུག་ལ། །སྒྲོ་བྱེད་ཕྱག་ཆེན་རྡོ་རྗེ་རྣལ་འབྱོར་ཆེས། །

གསང་བ་བློ་བྱར་འཁྲུལ་པའི་དྲི་མ་རྣམས། །གསངས་འབྲས་དྲི་བྲལ་ཆོས་སྐུ་མངོན་གྱུར་ཤོག །

淨依明空雙運心性上，金剛瑜珈大手印妙能，
淨化所淨顛倒眾客塵，淨果無垢法身願顯現。⑦

གཞི་ལ་སྒྲོ་འདོགས་ཆོད་པ་ལྟ་བའི་གནད། །དེ་ལ་མ་ཡེངས་སྐྱོང་བ་སྒོམ་པའི་གནད། །

སྒོམ་དོན་ཀུན་ལ་རྩལ་སྦྱོང་སྤྱོད་པའི་མཆོག །ལྟ་སྒོམ་སྤྱོད་པའི་གནད་དང་ལྡན་པར་ཤོག །

斬斷增益淨依得定見，無逸保任見解即修要，
精熟修義即為最勝行，唯願於見修行得決定。⑧

ཚོས་རྣམས་ཐམས་ཅད་སེམས་ཀྱི་རྣམ་འཕྲུལ་ཏེ། །སེམས་ནི་སེམས་མེད་སེམས་ཀྱི་རོ་བོས་སྟོང༌། །
སྟོང་ཞིང་མ་འགགས་ཅིར་ཡང་སྣང་བ་སྟེ། །ལེགས་པར་བརྟགས་ནས་གཞི་རྩ་ཆོད་པར་ཤོག །

一切諸法皆為心幻化，是心無有心性本空寂，
真空無礙妙顯一切法，願善觀察自斷增益根。⑨

ཡོད་མ་མྱོང་བའི་རང་སྣང་ཡུལ་དུ་འཁྲུལ། །མ་རིག་དབང་གིས་རང་རིག་བདག་ཏུ་འཁྲུལ། །
གཉིས་འཛིན་དབང་གིས་སྲིད་པའི་ཀློང་དུ་འཁྱམས། །མ་རིག་འཁྲུལ་པའི་རྩད་དར་ཆོད་པར་ཤོག །

本來無有自相誤為境，無明惑力誤自證為我，
二取執力輾轉三有界，祈願無明源流自斷除。⑩

ཡོད་པ་མ་ཡིན་རྒྱལ་བས་ཀྱང་མ་གཟིགས། །མེད་པ་མ་ཡིན་འཁོར་འདས་ཀུན་གྱི་གཞི། །
འགལ་འདུ་མ་ཡིན་ཟུང་འཇུག་དབུ་མའི་ལམ། །མཐའ་བྲལ་སེམས་ཀྱི་ཆོས་ཉིད་རྟོགས་པར་ཤོག །

諸佛亦不見故此非有，有寂二共依故此非無，
此不相違即雙運中道，願證如是離邊心法性。⑪

15

འདི་ཡིན་ཞེས་པ་གང་གིས་མཚོན་པ་མེད། །འདི་མིན་ཞེས་བྱ་གང་གིས་བཀག་པ་མེད། །
བློ་ལས་འདས་པའི་ཆོས་ཉིད་འདུས་མ་བྱས། །ཡང་དག་དོན་གྱི་མཐའ་ནི་རེས་པར་ཤོག །

所謂如是指認不可得，所謂非爾遮斷亦不得，
超越思議法性真無為，祈願決定勝義真實際。⑫

འདི་ཉིད་མ་རྟོགས་འཁོར་བའི་རྒྱ་མཚོར་འཁོར། །འདི་ཉིད་རྟོགས་ན་སངས་རྒྱས་གཞན་ན་མེད། །
ཐམས་ཅད་འདི་ཡིན་འདི་མིན་གང་ཡང་མེད། །ཆོས་ཉིད་ཀུན་གཞིའི་མཚང་ནི་རིག་པར་ཤོག །

未悟此理漂輪迴汪洋，證悟此理即佛無他求，
一切皆爾無一非爾理，願解法性阿賴耶隱義。⑬

སྣང་ཡང་སེམས་ལ་སྟོང་ཡང་སེམས་ཡིན་ཏེ། །རྟོགས་ཀྱང་སེམས་ལ་འཁྲུལ་ཡང་རང་གི་སེམས། །
སྐྱེས་ཀྱང་སེམས་ལ་འགགས་ཀྱང་སེམས་ཡིན་པས། །སྒྲོ་འདོགས་ཐམས་ཅད་སེམས་ལ་ཆོད་པར་ཤོག །

顯現者心本空亦此心，此心能悟此心亦能惑，
能生能滅皆此心所為，祈願心中增益盡斷除。⑭

བློས་བྱས་རྩོལ་བའི་སྐྱོམ་གྱིས་མ་བསླད་ཅིང་། །ཐ་མལ་འདུ་འཛིའི་རླུང་གིས་མ་བསྐྱོད་པར། །
མ་བཅོས་གཉུག་མ་རང་བབ་འཇོག་ཤེས་པའི། །སེམས་དོན་ཉམས་ལེན་མཁས་ཤིང་སྐྱོང་བར་ཤོག །

不受刻意造作所染污，未遭世俗紛擾風動搖，
祈願精熟保任無造作，本來自安心體之修行。⑮

ཕྲ་རགས་རྟོག་པའི་དབའ་རླབས་རང་སར་ཞི། །གཡོ་མེད་སེམས་ཀྱི་ཆུ་བོ་ངང་གིས་གནས། །
བྱིང་རྨུགས་རྙོག་པའི་དྲི་མ་དང་བྲལ་བའི། །ཞི་གནས་རྒྱ་མཚོ་མི་གཡོ་བརྟན་པར་ཤོག །

粗細妄念波濤自平寂，平緩心河漸流漸停止，
祈願遠離掉舉昏沉泥，寂止大海不動得穩定。⑯

བལྟར་མེད་སེམས་ལ་ཡང་ཡང་བལྟས་པའི་ཚེ། །མཐོང་མེད་དོན་ནི་ཇི་བཞིན་ལྷག་གེར་མཐོང་། །
ཡིན་མིན་དོན་ལ་ཐེ་ཚོམ་ཆོད་པ་ཉིད། །འཁྲུལ་མེད་རང་ངོ་རང་གིས་ཤེས་པར་ཤོག །

再再觀照無所觀之心，即能如實勝見無見義，
懷疑是非自然斷除者，唯願自悟無誤自本面。⑰

ཡུལ་ལ་བལྟས་པས་ཡུལ་མེད་སེམས་སུ་མཐོང་། །སེམས་ལ་བལྟས་པས་སེམས་མེད་ངོ་བོ་སྟོང་། །

གཉིས་ལ་བལྟས་པས་གཉིས་འཛིན་རང་སར་གྲོལ། །འོད་གསལ་སེམས་ཀྱི་གནས་ལུགས་རྟོགས་པར་ཤོག །

觀察境時無境唯見心，觀察心時無心體本空，
觀此二時二執自解脫，祈願證悟明光心實相。⑱

ཡིད་བྱེད་བྲལ་བ་འདི་ནི་ཕྱག་རྒྱ་ཆེ། །མཐའ་དང་བྲལ་བ་དབུ་མ་ཆེན་པོ་ཡིན། །

འདི་ནི་ཀུན་འདུས་རྫོགས་ཆེན་ཞེས་ཀྱང་བྱ། །གཅིག་ཤེས་ཀུན་དོན་རྟོགས་པའི་གདེངས་ཐོབ་ཤོག །

超越作意此即大手印，亦即遠離諸邊大中觀，
復能總攝故名大圓滿，願得知一盡解一切義。⑲

ཞེན་པ་མེད་པའི་བདེ་ཆེན་རྒྱུན་ཆད་མེད། །མཚན་འཛིན་མེད་པའི་འོད་གསལ་སྒྲིབ་གཡོགས་བྲལ། །

བློ་ལས་འདས་པའི་མི་རྟོག་ལྷུན་གྱིས་གྲུབ། །རྩོལ་མེད་ཉམས་མྱོང་རྒྱུན་ཆད་མེད་པར་ཤོག །

無耽大樂持續不間斷，無相明光遠離眾遮蔽，
難思無念任運自然成，祈願無勤覺受不間斷。⑳

བཟང་ཞེན་ཉམས་ཀྱི་འཛིན་པ་རང་སར་གྲོལ། །ངན་རྟོག་འཁྲུལ་པ་རང་བཞིན་དབྱིངས་སུ་དག །
ཐ་མལ་ཤེས་པ་སྤང་བླང་བྲལ་ཐོབ་མེད། །སྤྲོས་བྲལ་ཆོས་ཉིད་བདེན་པ་རྟོགས་པར་ཤོག །

貪善覺受執著自解脫，惡念妄想淨歸法界中，
平常心中無取捨得失，祈願證悟離戲法性諦。㉑

འགྲོ་བའི་རང་བཞིན་རྟག་ཏུ་སངས་རྒྱས་ཀྱང་། །མ་རྟོགས་དབང་གིས་མཐའ་མེད་འཁོར་བར་འཁྱམས། །
སྡུག་བསྔལ་མུ་མཐའ་མེད་པའི་སེམས་ཅན་ལ། །བཟོད་མེད་སྙིང་རྗེ་རྒྱུད་ལ་སྐྱེ་བར་ཤོག །

一切眾生本性恆為佛，未悟如是故轉輪迴中，
祈願心中生難忍大悲，憫念苦痛無邊眾含識。㉒

བཟོད་མེད་སྙིང་རྗེའི་རྩལ་ཡང་མ་འགགས་པའི། །བརྩེ་དུས་ངོ་བོ་སྟོང་དོན་རྗེན་པར་ཤར། །
ཟུང་འཇུག་གོལ་ས་བྲལ་བའི་ལམ་མཆོག་འདི། །འབྲལ་མེད་ཉིན་མཚན་ཀུན་ཏུ་བསྒོམ་པར་ཤོག །

難忍大悲妙勢無礙力，悲念爾時空義赤裸現，
唯願晝夜不歇續修持，無謬無誤雙運殊勝道。㉓

བློ་སྟོབས་ལས་བྱུང་སྤྱན་དང་མངོན་ཤེས་དང༌། །སེམས་ཅན་སྨིན་བྱེད་སངས་རྒྱས་ཞིང་རབ་སྦྱངས། །

སངས་རྒྱས་ཆོས་རྣམས་འགྲུབ་པའི་སྨོན་ལམ་རྫོགས། །རྫོགས་སྨིན་སྦྱངས་གསུམ་མཐར་ཕྱིན་སངས་རྒྱས་ཤོག །

禪修所生五眼與六通，成熟眾生淨修成佛剎，
修持佛德等願咸圓滿，祈願圓熟清淨等正覺。㉔

ཕྱོགས་བཅུའི་རྒྱལ་བ་སྲས་བཅས་ཐུགས་རྗེ་དང༌། །རྣམ་དཀར་དགེ་བ་རྗེ་སྟེད་ཡོད་པའི་མ་ཐུས། །

དེ་ལྟར་བདག་དང་སེམས་ཅན་ཐམས་ཅད་ཀྱི། །སྨོན་ལམ་རྣམ་དག་རྗེ་བཞིན་འགྲུབ་གྱུར་ཅིག །

十方諸佛菩薩大悲力，一切鮮白善業聚集力，
祈願我等一切有情眾，清淨發願如理皆成就。㉕

ཅེས་རྗེ་རང་བྱུང་རྡོ་རྗེས་མཛད་པའོ། །

讓炯多傑尊者著

譯跋：
此願文為第三世大寶法王所作，堪謂噶瑪噶舉實修願文及獨特思想、修持之濫觴；時值
第十六世尊勝大寶法王圓寂卅六年紀念日——2017/10/28（藏曆九月八日），羅卓仁謙
敬譯於日本華嚴祖庭—— 奈良東大寺。

釋論

作者：國師嘉察仁波切

中譯：堪布羅卓丹傑

第一章

從虔敬和感謝中，跨出第一步

聽聞一個教理，就消除一個覆障，
如此一點一滴地消除這些無知、無明的障礙，
聽聞愈多，就消除愈多無明障礙，聽聞智慧就得以開顯。

先請大家發起殊勝菩提心，為利益一切眾生而學習法教。此教授是依照法王噶瑪巴指示，簡略講解第三世噶瑪巴讓炯多傑所著《了義大手印祈願文》。

祈請：黃金珠鬘傳承聖眾請諦聽

這部第三世法王所作的祈願文，將噶舉派四大八小❶，尤其是實修傳承噶瑪噶舉的修持方式，以祈願文方式開顯出來。

　　南無咕嚕

首先第一句是梵文，南無的意思是頂禮，咕嚕即上師，整句的意思是「頂禮上師」。依照噶舉傳承教法，要證得大

---

❶ 噶舉由岡波巴創始達波噶舉(Dakpo Kagyu)開始，其弟子繼承及發揚光大，發展為四大八小噶舉支派。四大支派，1. 噶瑪噶舉(Karma Kagyu or The Kamtsang)2. 采巴噶舉(Tsalpa Kagyu)、3. 跋絨噶舉(Barom Kagyu)、4. 帕竹噶舉(Phaktru Kagyu)。八小支派，從帕竹噶舉分出：1. 直貢噶舉(Drikhung Kagyu)、2. 竹巴噶舉 (Drukpa Kagyu)、3. 達隆噶舉(Taklung Kagyu)、4. 雅桑噶舉(Yasang Kagyu)、5.綽普噶舉(Trophu Kagyu)6.修賽噶舉(Shuksep Kagyu)、7. 也巴噶舉(Yelpa Kagyu)、8.瑪倉噶舉(Martsang Kagyu)。

手印等三摩地，主要是依靠上師恩德，因此無論做任何善行修持，首先要做的，就是頂禮根本上師，或對你最有大恩的上師。

接下來祈願部分，第一個部分，是向所有上師、本尊等皈依處做祈請：

> 一切上師壇上本尊天，十方三世諸佛佛子眾，
> 謹祈爲我證明所發願，咸皆順利如理而成就。①

第一個偈文，是提到我們向噶舉傳承的上師眾，從金剛總持開始，到帝洛巴、那洛巴、梅紀巴、馬爾巴，密勒日巴、岡波巴、噶瑪巴杜松虔巴等。同時也包括噶舉派的菩薩戒、別解脫戒等等傳承上師。

接下來是壇城之上的各個本尊，包括事部、行部、瑜伽部、無上瑜伽等等四部續典提到的壇城本尊。

十方有無量的世界，就有無量諸佛，例如我們所熟知的東方現喜淨土當中有不動佛、西方極樂淨土中有阿彌陀佛等等。

三世諸佛也就是過去、現在、未來等等佛，例如過去有燃燈佛等等，從無始以來，有無量的佛，每一尊佛之前都還有前一尊佛，因此沒有哪一尊是「初始的佛」，而未來只要輪迴不空、眾生未盡，也就會有無量的佛出世，例如未來有第五尊佛彌勒佛，和第六尊佛獅子吼佛等等。

再來提到「佛子」，包含以下兩種含義：

一、菩薩：他們是由佛語所出生，受到諸佛心意加持的佛子，例如十地菩薩如觀音菩薩、文殊菩薩和金剛手菩薩等；還有登入初地、二地等等菩薩，如恆河沙數無量無邊。

二、聲聞緣覺：另一種佛子，也是由佛陀語言所出生的，如聲聞、緣覺眾等，也同樣是無量無邊的。

現在，祈請所有聖眾知道我的心，加持以下祈願文中所發之願，都能順利如理而成就。如同《佛陀本生傳》中，佛陀過去生中為菩薩，發願未來要利益無量眾生成就佛果，當他發起這樣的善願的時候，十方諸佛都會為他所發的願做見證，並加持他的祈願都能如理而成就。

佛法總願：
三輪體空中，發成佛大願

> 我等無量一切有情聚，加行意樂清淨雪山中，
> 流出三輪無垢善根河，唯願歸入勝者四身海。②

接著進入祈願正文部分，首先是整體佛法的一個祈願，有一個偈文，這並不是特別針對大手印的祈願。此偈用比喻來祈願：雪山的冰雪融化，雪水匯歸成河，流經藏地，再流入印度的恆河，最後融匯於大海之中。

今天我們為大手印法門而祈願，不僅是自己如此發願，還有眾多如法的發願者，不僅在此世界，眾多他方世界當中，也有無量如法發願的人，例如《佛陀本生傳》也記載，不僅是人類能如法發願，還有兔子、熊等等動物也做得到。

因此，此處自己和一切眾生的清淨意樂被比喻為雪山，從清淨意樂而生的善願被比喻為河水，河水最後流歸大海，這是比喻藉由這樣的善願，最終能夠成就佛果，這裡將佛果比喻為大海。

此處「三輪無垢」之意，是說在祈願時，不要有「我執」或「實執」（「執著為實有」的執著），這些執著都屬於「愚癡」的範疇，如果陷入這種錯誤的情況，所發的願或許還是會實現，但是力量會大大的減弱，如同被障礙包覆住一般，這並非正確的發願。

因此我們在發願時，記得要三輪體空地發願，意思是沒有我執、實執地去祈願。這樣的發願，才是有力量的。祈願本身就是空性，但因為緣起萬有，因此願望還是可以被發起和成就的。事實上，就是因為無我，願望才可能實現，因此如果能夠了悟無我空性的甚深義理，消除愚癡的覆障，那時候願力就會增強，這就是三輪無垢的意思。

身圓滿，順緣圓滿，「修持所依」都圓滿

其次，自己和他人修持佛法時，要有很好的所依，也就是身圓滿，順緣具足，因此其次要發的是「修持佛法所依圓滿」

之願，偈文是：

祈願未能如是成就前，生生世世不聞罪惡聲，
及以苦痛哀鳴皆寂靜，享用善樂吉祥汪洋聚。③

在尚未成就佛陀果位之前，我們都應該要好好修持佛法，為了能夠順利修持佛法，我們要發願修行順利，並且順緣具足。同時也要發願，希望我們生生世世投生為人時，父母都是修行人，投生為佛法興盛處，家族種姓具備智慧、心性善良等。同時發願投生於完全無有罪惡的地方，有些地方有造惡的傳統文化或信仰，讓人身不由己地造惡，因此要發願投生於「不聞罪惡聲」的地方。

有時我們雖然投生在沒有罪惡的地方，但也要發願自己不要有瞋恨、嫉妒等惡心，因為罪惡是來自於我們的瞋心、嫉妒和傲慢。

最好的情況，是此處文中提到的「不聞罪惡聲」的地方，像是東方不動佛的現喜淨土和西方阿彌陀佛的極樂淨土等等，是連罪惡的名聲都不存在的，那邊沒有人會造惡，我們也要發願投生到那樣的淨土。或者發願投生在我們這個世間，就

算他人還是會造惡，但要發願自己不要造惡，不要有惡念。

「苦痛哀鳴皆寂靜」，意指除了「沒有痛苦」外，最好連「痛苦」這樣名詞都未曾聽聞，例如在西方極樂世界中，不要說沒有大苦，連細微的生老病死之苦都付之闕如，因此最好的情況，是發願投生到淨土。然而以我們身處的人世間來說，仍有細微生老病死之苦，但是我們要發願不要有修行中斷的痛苦，例如因為生病或者身心障礙所造成的中斷修持的痛苦。

第三句提到我們也要祈願具備「善樂」。世間的享樂並不是真正的快樂，因為都會導致未來的痛苦，因此世間的快樂可以說是痛苦的因，舉例而言，雖然暫時而言，飲食能夠幫助我們的生存，是快樂之因，但過量的飲食，又會造成身體的傷害，成為痛苦之因。又如晚上的睡眠也是一種樂，但這樣世間的快樂只要過量，就會成為痛苦的因，例如如果睡眠太多，就可能導致膽病或寒濕等等病痛。

無論苦因再小，最終只會造成痛苦的結果，若多了就會更加痛苦，因此苦因永遠不會帶來快樂的果。而一切世俗的快樂皆是苦因，所以再多的享樂都無法帶來任何好的結果。因此

此處所說的樂是善樂，不是世間的享樂，真正的快樂，唯有透過成就正法才能得到，因此我們要發願修持正法的順緣具足，身心狀態良好等等。

念一次六字大明咒，就有念誦一次的善果，念一億次就有一億次的善業之果，這就是「善樂」和「世間喜樂」的差異，世間喜樂愈多反而會導致更多的痛苦，但佛法的善樂，例如一次禮拜、億次禮拜，結得都是善果，只是多寡的差別而已；做一點禪修，或長時間禪修，也都會帶來善果，例如密勒日巴尊者禪修至骨瘦如柴，但得到即身成佛的果位，因此修持是不論次數多寡，都會帶來善果的。

總之，我們應該發願，生生世世都要行善，享用善樂吉祥之汪洋。

▋有人身，有好老師，永遠沒中斷障

得勝暇滿具足信勤慧，依止善師承口訣精華，
如理修持願皆無障礙，生生世世實踐正法寶。④

接著要發願，生生世世能得到暇滿人身。所謂有閒暇，是指有閒暇修持佛法，不會被俗事所綑綁，或者身不由己地造惡。

有些人投生在有佛法的地方，也出了家，但基於過去生中的惡習，導致無法對佛法生起信心，也不好好修行，總是違犯戒律和誓言，最後只能將他趕走，我們要祈願不要出現這種心理上的無暇。

有些人雖然頭腦不錯，能夠很快掌握各種佛學名相、術語，但卻始終無法領悟佛法見解和實修的究竟深義，這也是一種無暇，所以發願不要遭遇到這樣的情況。

或者有些人受到親人、惡友的影響，本來一心如法修持，卻變得怠惰退轉，不想修持佛法，這也是一種無暇。另外過去在藏地有許多這樣的例子，或許現代比較少見，就是本身雖然是個很好的修行人，卻一直受到魔障的侵擾。

因此要祈願，希望自己任何時候都能具備暇滿人身、佛教住世、有上師傳法、有能夠修持的寺院、靜處等等，這些修持順緣都能具備。

在暇滿的條件之上，接著要具備「信、勤、慧」三者，指的是「信心」、「精進」和「智慧」。我們常會說自己具有些許信心、精進、智慧，但問題在於「不穩固」，這樣也會產生問題，例如有些人對法有些信心，也維持了一段時間，但因為信心不甚穩固，久而久之漸漸退失，最後對上師和佛法都失去信心，這也可歸為一種修行障礙。

佛陀也在佛經中反覆強調，「信心」極為重要，當你信心越強時，佛法越能在你心中生起、安住，因此一開始都要試著去培養信心。

剛剛談到「信、勤、慧」的「信心」，接下來談「勤」，就是「勤奮、精進」，這也和以上所說信心一般，著重於「穩固」，不能一曝十寒，「精進」能幫助你持續堅持下去，例如修持禪修，會讓你的心越來越穩固、最終帶來好成果，佛陀時代許多得到果位的阿羅漢，例如大迦葉尊者、目犍連尊者等，都是日夜不停地修持，晚上不睡，白天遠離散心雜話，密勒日巴尊者更是以大精進而得佛果，我覺得尤其在此時代，我們更要具有堅定的精進。

接下來談到「智慧」，不僅要具備通曉佛法的智慧，更要具

備了悟甚深大手印法的智慧。智慧分為很多種，有的人在語言、文法上很聰慧，但是卻沒有甚深的智慧，因此無論如何都無法了悟大手印。還有一種修行人的情形則剛好相反，他們可能缺乏廣博的世智辯聰，但具備了了悟自心實相的甚深智慧。這篇祈願文著重在了義大手印的實修，因此這裡的智慧，特別是指甚深的智慧。

我們看到過去噶舉修持歷史上，有很多成就者可能是文盲，他們不具備任何世間知識，但因為親見、依止噶舉傳承的上師或成就者，聽聞了甚深口訣，並透過修持，了悟了大手印。例如馬爾巴、密勒日巴和岡波巴大師等，都有許多這樣的弟子，他們可能都是文盲，不具備「廣博」的知識，卻具備了了悟大手印的「甚深」智慧。

其實比較重要的是要具備如此了悟大手印的甚深智慧，因為具備這樣的智慧後，就能任運得到其他世間的廣博智慧，例如當人登上高位時，護衛、官員等等自然都會出現來協助他，因此相較於世間智慧，善妙的甚深智慧是更為重要的。

「依止善師承口訣精華」的口訣精華，指的是幫助你於內心生起禪定的口訣。「如理修持願皆無障礙」，意思是說，得

到這樣的大手印口訣精華之後，能夠沒有障礙地如理修持，此處的「障礙」，是指各種外在的魔障或內心的煩惱妄念的障礙。「生生世世實踐正法寶」，我們不僅發願今生如是做到，也要發願生生世世都能如此修持，不僅是祈願自己能做到，任何想要從事大手印修持者，都能如是實踐正法寶。

三道工開採如來藏

接下來是發願生起了悟大手印等等正法智慧的祈願，這裡提到聽聞、思維和修持的智慧。

> 善聞教理解脫無明障，善思口訣毀滅疑惑闇，
> 修生光芒如理明實相，唯願三慧光明漸增長。⑤

一、聞所成慧：

無始以來，我們因為無明愚癡而在輪迴中受苦。愚癡有很多種，有粗重的，也有細微的，其中，要如何斷除粗重的愚癡

呢？要透過聽聞佛法來斷除，而聽聞的內容包括兩方面：

1. **聞「教」**：也就是聽聞「佛語」。此處佛語包括大乘、小乘法和顯經、密續等等一切佛陀所說的教言。其中，和大手印相關的佛語，是指佛陀開示的《三摩地王經》（亦稱《月燈三昧經》）等等甚深經典。

以我們的智慧很難瞭解所有佛陀教言，過去的龍樹和無著菩薩等，他們以大智慧瞭解佛語，寫下了很多註解佛語的論典。我們透過學習這些論典，就可以很容易地瞭解一切佛語的含意，因此我們也要聽聞、學習論典。尤其我們應該學習的是闡述大手印密意的《寶性論》等等論典。

2. **聞「理」**：除了學習佛語之外，也要學習「教理」的「理」，指的是理路，各種理路可以幫助我們瞭解佛陀教言的含意，因此我們要學習正確的理路。就如同現今科學家透過各種理路，分析瞭解物理的特性，我們也同樣要具備如是的理路，用以瞭解佛語。

所謂「佛法理路」，譬如「萬法是空性」的道理，和「眾生心的實相都有如來藏」的道理等等，這些理路都是我們要去

學習的。同樣還有所謂因果定律，也就是「善有善報、惡有惡報」的道理，以及對於過去生及來世的輪迴法則，也是我們要瞭解的。同樣為什麼「修持佛法可讓我們得到遍知佛陀的果位」，這也有其道理與原因，以上所談到的這些理路，都是我們應當去學習、思維的，藉由這樣的學習辯析，我們的智慧就會日益穩固、清晰。

第一句偈頌說到：「善聞教理解脫無明障」，善聞教理就可以幫我們從無明、無知的障礙中解脫，事實上，我們要學習的知識很多，譬如世俗和勝義的諸多知識，然而這每一個知識，在我們心中都有相對的無明覆障，因此需要透過聽聞教理，一個一個地消除這些無知、無明的障礙，聽聞到一個教理，就消除一個覆障，聽聞愈多就消除愈多的無明障礙，聽聞的智慧就得以開顯。

二、思所成慧：

第二句「善思口訣毀滅疑惑闇」，談到要領悟大手印和如來藏的甚深義理，還會遭遇另外一種主要障礙，就是疑惑，也就是對於究竟義理的懷疑。因此闡述如來藏的《寶性論》，

論中大多是在對治各種對於「如來藏」的疑惑。

疑惑，需要藉由甚深的「口訣」去斷除，「口訣」是指能夠幫助行者輕易成就大義的善巧方便。以世間白話來比喻，就像是有些人能言善道，容易把很繁雜的事情，說得讓人容易明白和理解。「口訣」就是以用很精簡的話，來幫助行者瞭解甚深困難的義理。此處的口訣，主要跟隨上師而學習得到，或者祖師留下的大手印口訣教典如《了義海》、《月光大手印》等等，透過學習、思維口訣，來消除內心的疑惑。

三、修所成慧：

消除了疑惑的黑闇，進而要能了悟實相，就要透過實修而生起修所成慧，這個智慧是所有智慧當中最為殊勝者。第三句偈頌：「修生光芒如理明實相」，此處將修所成慧比喻為太陽的光芒，透過不斷的修持，內心的無明黑暗逐漸消除，智慧逐漸開展，就可如理正確地明瞭實相的道理為何。

佛陀教導我們，「實相」是自悟自明的，意思是實相必須透

過自身的修持才能瞭解。透過佛陀的大悲加持和上師教導指引的恩德，幫助我們消除各種瞭悟實相的疑惑障礙，並透過自身漸次的修持後，就能逐步地瞭悟實相。

就如同《寶性論》中以「被烏雲遮蔽的太陽」的如來藏一樣，聽聞、思維佛陀的教語如同風一般，可以幫助我們吹散心中疑惑的烏雲，進而讓了悟實相的智慧光芒開顯。所謂「了悟大手印」，或者「在心續中生起大手印」，並非是說我們原本沒有，後來新得到了什麼，而是說無始以來我們本具如來藏，透過佛陀大悲事業和上師的加持，我們逐漸消除迷惑，而讓這本具的智慧展現出來。因此這裡的「生起」，是開顯出來的意思。

最後一句說「唯願三慧光明漸增長」，是發願聽聞、思維和實修的智慧能夠增長、開顯出來。

第二章

首先發現自心，這最大的寶藏

心就像被塵土覆蓋的寶藏，需要透過雙手
或者各種工具去挖掘、淨除，才有可能開顯。
這些方法、工具是什麼？

不靠邊站，不走路肩，
願依道法而修持

離常斷邊二諦即根理，離增損邊二聚勝道力，
成就遠離有寂二利果，願值如是無謬無誤法。⑥

一、離常斷邊

這個偈文，是祈願依靠道法修持而生起三種智慧。

第一句先提到要斷除常邊和斷邊。世間愚癡眾生不是執著恆常，就是執著斷滅，因此錯亂而輪迴。恆常和斷滅的執著有很多種，例如粗重的常斷執著，這會造成最嚴重的錯亂，再來是細微的和極細微的執著等等。

1. 粗重的常斷邊：

首先粗重的恆常執著，指的是「我執」，也就是以為「我是恆常的」一種執著，意思是以為現在的我和小時候的我是一樣的，沒有任何差別。或者，認為有一個外在恆常不變、具

備大能的天神，向祂祈請、供養之後，能保佑自己投生到天道。這樣的認知，也是一種粗重的恆常的執著。

斷執也分為粗和細的，粗重的斷執，指的是認為沒有前世或來世，僅只這麼一生的生命，因此盡量享受人生就好，不用想太多，也不用為了來生做些什麼。還有一種斷滅的執著，就是「眼睛看不到就不存在」的執著，例如佛菩薩，或者惡道當中的地獄、餓鬼眾生等等都不真實存在，那些根本無法經驗到，只是騙人的伎倆，這樣的認知也是一種斷滅的執著。

2. 細微的常斷邊：

接著是細微的常斷邊的執著。細微的常執，例如誤解佛陀所說的勝義諦、究竟實相，是恆常不變、實有的。細微的斷執，例如有一些人誤解勝義實相是什麼都沒有，所謂的空性就是什麼都沒有，因此大手印、如來藏也沒什麼了不起，反正都是空無，這是細微的斷滅執著。

還有一些人，雖然身為佛教徒，但對佛教理論有很大的誤解，認為「反正都是空性，造一點惡也無妨」。或者認為造作一點惡、製造一些紛爭、生一點煩惱也無妨，因為只要向天神、護

法祈請、供養，就可以消除罪業，這也是一種很嚴重的邪見。

《中觀根本慧論》、《入中論》等等論典，就在闡述如何斷除常斷的執著，多去閱讀這些論典，將有助我們斷除此處所講的常斷二執。

3. 如何不落入常邊或斷邊？

對於佛陀的開示：「萬法實相」非有非無、遠離言思，而「如來藏」、「大手印實相」無始以來本自具足的說法，我們應該要雙運地了悟這兩種說法。當一切有無的戲論盡皆消融之後，法身和大手印的功德就會從中自然現起。這代表離戲空性之中，本具著如此的功德。

舉例來說，生活中一切不淨、世俗的顯相，例如我們能夠見到的山河大地、房子和各類眾生，其本質都是離戲空性，但因為緣起而有所顯現。因為萬法實相性空，遠離戲論，所以大手印的功德就會現起；如果一切萬法不是遠離戲論，而是實有的話，各種功德也不可能出生，因為戲論本身就是錯亂的，錯亂不可能生起功德。

當我們了悟如上的實相，就能夠斷除常斷二執。

二、離增損邊

1.「增益邊」是什麼？

當我們在「見解」上斷除了恆常和斷滅的執著之後，接著我們「修道」上就要遠離增益和毀損。此處「增益」的藏文原意是指「以羽毛作裝飾」，對於鳥類來說，羽毛是天生的，但我們人類會把羽毛拔下來，做為箭羽，或者在衣服、帽子、房子上作為裝飾，因此以「增益」來形容那些「我們本來沒有的裝飾物」。

這種「以無為有」的增益的情況，在佛教的部派當中也是有的，例如有的部派認為極細微的微塵是存在的，有的認為除了心是實有存在，其他一切都是空性，這些都是誤以為實有的增益，都是以無為有的一種妄念。如果帶著增益這樣的妄念進入道上的修持，就算是在修持正確的供養、禮拜等等，會覺得一切真實存在，不需要觀修事物的本質為空性，所以雖然要積聚福德和智慧兩種資糧，但結果是只貪著積聚福德積糧，不做任何勝義的修持，這就是落入了增益邊。

因此當我們在做累積資糧的修持的時候，例如觀修本尊、持誦咒語時，如果認為「觀修空性不重要，我只要努力觀想莊嚴的本尊、努力持誦咒語，多念儀軌、修法就好」，這樣即是落入了增益邊　因為未悟萬法實相空性，而落入以無為有的增益，這樣的修持是不圓滿的。

2.「減損邊」是什麼？

剛剛談到「增益邊」，現在談到「減損邊」，也可以說是「詆毀邊」，指的是太執著空性，把一切重點都放在空性，而看輕其他世俗部分的修持，例如供養、積聚資糧、觀修本尊等等，這樣去詆毀世俗邊，也是不宜的。

因此，一個修行者，應該遠離增損二邊，圓融地修持福德資糧和智慧資糧。

三、遠離有寂

「二諦即根理」，在根本、基礎上談到世俗諦、勝義諦，這二諦是圓融的，因為是勝義空性，所以可以生起世俗萬法顯

相，而世俗一切顯相的自性就是空性，因此勝義諦和世俗諦
不是相違背的，是圓融的。

1. 了悟勝義，世俗自在

見解的確立，在於依靠世俗而了悟勝義，就如同火和它的溫
度是分不開的，勝義和世俗是無分的，勝義即是世俗的本
質，因此依靠世俗，可以幫助我們了悟其勝義的本質。另一
角度而言，透過勝義的了悟，也可在世俗上得到自在，我們
看到往昔密勒日巴等大成就者們，因「證悟空性」而有許多
「世俗自在」的神奇示現，諸如飛在天上、在石上留下腳印
等等。

舉一個密勒日巴有名的神通例子，藏地有一個名為「無熱
池」的大湖，密勒日巴大師曾經端坐在湖上，弟子見到他身
形和湖一樣大，但他沒有變大、湖也沒有變小，這就是世俗
得到自在的例子。

或者如同第二世噶瑪巴，噶瑪巴希到漢地時，曾遭皇帝懲
罰，被施以火刑，但不僅是他身體一根汗毛都沒能傷到，連
他穿的衣服都完好無缺，在火中坐得舒舒服服的，這就是了

悟勝義而世俗得自在的意思，因為勝義就是世俗的本質。當我們在修持時，要知道世俗、勝義無有高低好壞之分，要平等做修持。

2. 修福資糧，增慧資糧

藏傳佛教四大教派在見解上有些不同，以噶舉派見解來說，如同密勒日巴大師所說：「若悟顯空無分別，即為通曉正見義。」世俗顯相和勝義空性是雙運的，這就是噶舉的見解世俗顯相就如同倒影一般顯現，然其本質無實為空。了悟此點，見解即得通達。

當我們步上修持的道路上時，你開始積聚資糧，當你積聚世俗的福德資糧，譬如持咒、禮拜、供養、觀修本尊等等，你做得越多，勝義實相就會愈顯明；由於了悟勝義實相，它也能夠幫助福德資糧的增長。換句話說，藉由福德資糧的累積，進而了悟勝義實相的話，福德會變得更加廣大和甚深。

因此，我們的正見要建立在「依靠世俗了悟勝義」，「依靠勝義而領悟世俗」之上。因此佛經當中所提到的廣博的世俗內容，全都出生於甚深的勝義諦；如果沒有甚深勝義諦，廣

博的世俗諦也將無法出生。

3. 以二資糧，得二利果

因此，依靠具備二資雙運的殊勝修道的力量，就可以得到自他二利雙運的結果。這裡提到的「成果」，是遠離「有寂邊」，也就是遠離三有輪迴邊，和寂靜涅槃邊。

所謂「三有的快樂」是指修持世間禪定而得到的喜樂，例如有些修持者透過這種世間禪定，而長時間住留於這種喜樂當中，這就是落入「三有邊」。然而不論多久，世間禪定的樂最終還是會衰敗，之後就會落入低下道中。

另一種是落入「寂滅邊」，這種發心的特質就是只想到自己遠離輪迴的痛苦、只發願自己得到解脫。因為帶著這種只為自己的動機，他的修持帶來的結果，就是得到聲聞、緣覺的果位，這些都是不圓滿的發心而導致不圓滿的結果，不圓滿是因為他只做到自利，而無任何的利他。

依照了義大乘的教法而言，我們不僅要斷除「三有輪迴」邊，也要遠離「寂靜涅槃」邊。斷除的方法，就像祖師說：

「因慧不落三有邊，因悲不住寂靜邊。」由於了悟空性的智慧而完全證悟無我義，因此在三有中不再錯亂，這就是斷除三有邊；因為觀修緣眾生的悲心，因此不落入寂滅邊，因為你瞭解到，自己為何會苦的原因，和眾生為何會苦的原因是相同的，如果覺得自己的錯亂應該消除，同理也就應該幫助眾生消除他們的錯亂，如果覺得自己的苦應該消除，同理也應該幫助眾生消除他們的痛苦，因為自他痛苦的原因是相同的。有了這樣的領悟之後，就會生起大悲心，幫助你不落入只顧自己解脫的寂滅邊。

藉由上述的思維，我們逐漸生起殊勝的大乘菩提心，進而透過修持而得到究竟的佛果，我們應該具備〈普賢行願品〉「眾生無盡，我願無盡」的祈願和發心，因此，就算自己藉由修行，斷除了一切所斷、覆障，得到究竟果位，但是只要還有一個眾生還深陷輪迴之中，我們都將以色身不斷地利益眾生。

雖然釋迦牟尼佛入滅已將近三千年，但是佛陀的色身是不滅的，雖然在此世間示現涅槃，但只要還有眾生在輪迴，他的色身就會繼續在其他世界延續下去、普渡眾生。因此我們在噶舉祈願法會上，也應該共同祈願：如同佛陀一般地利益眾生，只要眾生不盡，我們利生的事業也不會完盡，要發起如此的弘願。

我們會說佛陀是「二身圓融」，也就是法身、色身雙運，法身斷除一切覆障、色身利益一切眾生。只要法身存在、色身終將不滅。

以上首先談到，正見應該建立在二諦雙運的觀念之上。接著提到修道應該建立在二資雙運之上，也就是無有偏廢、相依相助地修持福德資糧和智慧資糧。最後透過這樣雙運的修持，就能幫助我們成就遠離有寂二邊的二身果位，也就是法身和色身的果位。這樣的見、修和果是無有任何謬誤的，所以發願「願值如是無謬無誤法」。

▎大手印不共祈願：自心如來藏現前吧

以上是對於佛法整體的祈願。接下來是專對大手印法門的祈願，偈文如下：

> 淨依明空雙運心性上，金剛瑜伽大手印妙能，
> 淨化所淨顛倒眾客塵，淨果無垢法身願顯現。⑦

一、淨依：明空雙運的心性

首先談到「淨依」，也就是「一切覆障得以清淨的所依、基礎」是什麼？例如若知道某處地下埋有寶藏，那麼只要努力挖掘最終就會得到這個寶物；「地底寶物」比喻的就是如來藏、大手印，如果我們努力不懈地修持，自心寶藏終究能被我們挖掘出來。相反的，如果是一塊什麼都沒有的貧瘠土地，再怎麼經年累月挖下去也不會有任何收穫。因此如果眾生不具有大手印、如來藏的自心實相，那麼不論再怎麼努力修持、清淨覆障，都是徒勞無功的。

《寶性論》當中透過九種比喻來說明眾生皆有如來藏的道理，這部論典依據的是佛陀所說的《大方廣如來藏經》，這部佛經當中的第一個比喻是「萎華中佛」，這是用萎敗的蓮花中有佛像，第二比喻是「蜂腹蜜」，蜜蜂肚子裡有蜜，第三個比喻「皮殼中實」指稻穀中有米，第四個比喻「糞中金」指不淨物內有寶藏，共有九個比喻。此處告訴我們在各種客塵，貪等煩惱，和不了知萬法實相的所知障的障蔽之下，我們都本具著大手印或如來藏。

1. **空的面向**：我們的心性是明空雙運的。由於遠離一切有無

的戲論，因此是空。所謂的「戲論」就是一種錯亂，當這一切戲論被完全清淨時，能夠正確了知一切萬法的明慧，也就是心的自性就會展現出來。由於戲論即是錯亂，當完全斷除了一切錯亂、戲論時，分別自他的執著也完全清淨，這時候遠離自他二執的「大悲」就會生起，這樣的大悲是如來藏中本具的功德特質。以上是從「離戲」的角度解釋何謂「空」。

再一種對於「空」的解釋是，對於自己的貪和對於他人的瞋都是錯誤的戲論，當這樣的戲論被空掉時，自他平等的大悲的「明」就會展現。這樣無有錯亂的心是本具的，實相當中本然具足的。《寶性論》當中將悲心比喻為水的濕潤性，水本具著濕潤的本質，這裡的水，是在比喻如來藏，而濕潤性就是大悲，大悲是如來藏中本然具足的。

2. **明的面向**：所謂的「明」，也就是智慧，是如來藏本具的，就像是如意寶的光芒一樣，就算如意寶被埋藏在地下，這個光芒也從未和它分離過。

以上解釋了空和明兩個面向，由於自心實相具有如此明空雙運的特質，因此會稱自心實相為「明空雙運」。

二、能淨：金剛瑜伽

有的時候，我們會稱大手印為「明空雙運」、「樂」或者「常」，但是不要執著這些名相，執著名相只會讓我們更看不到其中的真實含義。重點是透過名相了悟其義。

這樣的明空雙運上，仍有許多覆障、客塵需要淨除，因此要透過大手印瑜伽才能將它淨化。大手印也被稱為「金剛瑜伽」，「金剛」有「無能摧壞、不會變質、無有完盡」之義，意指淨除覆障的同時，大手印瑜伽絲毫無有衰損，此處即是發願要以如此的大手印瑜伽淨化各種覆障。我們都應該於內心生起大手印，但眾生的情況各異，對有些人而言比較困難，有些人則很容易。

大手印是無明等等覆障的真正對治法，但如果一開始不先減輕一點覆障，自心將很難真正生起大手印。因此首先要做一些修持，例如四共加行與四不共加行——皈依大禮拜、金剛薩埵念修等等。前行修持方法為數眾多，端視每人的狀態和時間，而有不同實踐的方式。

大手印法門和世間的學問不同。一般來說，學習如何畫畫、

建造房子或者車子，因為這些學問本身並不是消除覆障、煩惱的對治法，因此你不需要先淨除覆障就能學會，但大手印之道本身就是覆障的對治法，所以如果一開始不先消除一點覆障的話，是無法生起大手印的。

因此，就算是前世廣大積聚資糧的轉世祖古、上師，他們的覆障雖然比較輕，但還是需要透過大手印加行的修持，幫助他減少覆障，然後才能了悟大手印，更不要說那些在輪迴中流轉很久的凡夫眾生，更是一定要好好修持大手印的加行，才有可能了悟大手印。當然每個人的狀態不同，在加行的實踐上有廣有略。做完加行的修持之後，就要次第透過止和觀的指引，幫助我們了悟心性。至於大手印瑜伽法門，會在之後的偈文中有更深入的解釋。

三、所淨：顛倒客塵

偈文接著提到：「所淨顛倒眾客塵」。就如同被塵土覆蓋在地下的寶藏，需要透過雙手或者各種工具去挖掘、淨除，才有可能顯現得出來，這些方法、工具就是瑜伽法門，來幫助你做淨化，而那些覆蓋在寶藏上面的塵土，就是我們的各種煩惱和所

知障等等客塵。為何說各種煩惱障和所知障的灰塵是「客」，是「暫時」的呢？因為它們並沒有任何實質，隨時都可以被改變或消除，並非穩定或者恆常。此處「塵」有「不淨」的意思。這裡是說透過大手印瑜伽淨除各種粗細的客塵。

淨除的方式上，首先你需要接受一位有經驗的上師的引導，一步步告訴你何時應該消除何種覆障，告訴你現在已經修到什麼地步等等，如同有一位有經驗的嚮導指引方向一般，帶領你去一步步地修持大手印。

四、淨果：無垢法身

接著偈文提到：「淨果無垢法身願顯現」，清淨的結果，也就是法身，它本來就遠離一切垢染，心性實相本自清淨無染，這裡是祈願這樣的法身果位能夠顯現出來。法身包括了報身和化身，因此法身的開顯，也讓報身和無量的化身得以顯現出來。

平時我們修行時，會做一些本尊觀修，觀想自己的身體就是本尊，目的就是為了清淨各種障礙色身顯現的許多覆障。佛

的色身有各種不同的形象，有的是紅色，有的是藍色或者白色，有的是一面二臂，有的是一面多臂等等，這是因為從如來藏會現起各種的色身形相，當一個行者淨除各種障礙色身形相生起的覆障時，就能自在展現各種形相利益眾生。

有時我們觀修寂靜尊，有時是觀持有各種武器的忿怒尊，本尊為何要示現忿怒相？是因要調伏較難調伏的眾生，而有此示現，然而外顯相為忿怒，本質卻是具備悲心；還有一種是內在本具慈心，外在顯現為忿怒相。這裡具備悲心和慈心是很種要的，然而兩者稍有不同，悲心的焦點在於除苦，而慈心是在予樂。

至於法身的觀修方式上，在不同的續典和儀軌當中，雖然提到法身的本質是相同的，但觀修方式卻有許多的差異。然而佛陀也說，大手印法門涵攝一切顯密的修持，這也是為什麼大手印是各種法門中最為殊勝者，也是眾人一心嚮往修持的原因。

從輪迴歧路，走上大手印道

輪迴中的五毒煩惱或者造作惡業的害心，

其自性即是自心實相大手印，

能修之心性和所修之法義，也即是實相大手印。

不論修道到了任何階段，菩提心都是非常重要的，因此首先請生起菩提心，也就是發起「為了利益眾生，幫助眾生成就佛果」的心來學習法教。

見修行，抓重點

我們之前談到了大乘總的祈願，也談到需要修持大手印的原因──心性本具實相大手印，然而因為煩惱習氣的障蔽，因此需要透過大手印的修持來淨除，障蔽清淨之後，即能得到四身的果位。接下來要談「修持正行大手印」的祈願。

> 斬斷增益淨依即定見，無逸保任見解即修要，
> 精熟修義即為最勝行，唯願於見修行得決定。⑧

之前談到二諦，消除常、斷邊執的方法，這裡接著談到在心性基礎實相大手印上，「斷除增益」的方式，修持的方法，和生活上行持的要點──針對「見、修、行」這三點，有簡略和詳細的解說。以下偈文是簡略的解說。

一、見地：斬斷「以無為有」的增益

第一句的「增益」的意思是「執有」，也就是在心性大手印之上，「執著有一個我實存」，或者「誤以為大手印是實有的東西、補特伽羅（人我）」，這種「把無當有」的增益都應斷除。同時這裡也附帶引申出「執無」的「毀謗」，比如「以為實相大手印是虛無的」這樣的毀謗也應該斷除。

一般而言，眾生「有」和「無」的執著都應斷除，都些都是錯亂，因此龍樹菩薩等論師，都在不斷地強調要同時遮破有、無二執。當有無二邊的執著被遮止了，勝義諦和世俗諦的因果等等正理就會顯現。

「斬斷增益淨依即定見」這一句的重點在於告訴我們，行者斬斷大手印的增益後，即能獲得確定的見解，這時候內心會感到歡喜和滿意。

二、禪修：不散亂於妄念，也不阻斷妄念

第二句說「無逸保任見解即修要」，行者不應散於妄念而落

入錯亂的境界當中，然而也並不需要阻斷念頭的生起。岡波巴大師的教言中說道：「行者不應阻斷念頭的生起，如果阻斷念起，將成黑暗一片，這就是無明，甚至是比無明還糟的情況。」因此，無論生起任何妄念，或者現起任何外在色、聲等等顯相，這個時候只有一個要點要把握，就是知道這一切都不真實存在，並且不散亂地保持這樣的認知，這就是大手印「修持的要點」。這裡提到的不散亂要點，在《了義海》和《月光大手印》有更詳盡的說明。

三、行持：一切行持，都為開展內心修持

大手印行持的要點，就是精熟與開展前句提到的修持的要義，因此第三句說「精熟修義即為最勝行」。行者要運用特殊的行持，不斷地開展修持，續典當中談到許多能令修持精熟的行持，諸如著衣、搖鈴、奏手鼓、持誦不同咒語等，目的都是幫助行者的禪定得到增長。因此，表面上穿什麼服裝、持什麼咒語不是重點，重點是增進內在的修持，如果某種行持能夠精熟、增長行者的修持，那就是最殊勝的行持。

比如說在祈願法會現場的出家眾們，持守比丘戒，身披三法

衣，這樣的行持也是增長內心禪定的一個方便法。所以經典當中提到，六度當中的「持戒度」和「忍辱度」，是屬於「禪定度」的支分。另外，寺院當中的法器使用，例如使用鐃鈸、吹奏嗩吶，或者唱頌儀軌等，也是為了增長禪定。另外像是在寺院舉辦的金剛舞，也是為了幫助行者精熟他的修持而作的行持，這是密續當中談到的一種行持。

因此，平時生活當中，為了幫助大手印行者保持不渙散，內心的修持得以精熟和開展，因此需要具備各種殊勝的行持。這一段是「略說」，接下來是「廣說」的部分，首先談到「以智慧斬斷增益」。

▍一切現象，都是心的幻化

分有廣、略二種解說，首先是簡略的解說，偈言是：

> 一切諸法皆為心幻化，是心無有心性本空寂，
> 真空無礙妙顯一切法，願善觀察自斷增益根。⑨

眾生為何會落入輪迴的錯亂當中？根本原因是「執著外在事物是真實存在的，並執以為我」。為斷除執著，佛陀宣說各種次第的見解：

一、說一切有部：

首先，當眾生對於外物有著極大貪執時，佛陀開示了聲聞說一切有部「萬法以最細微的微塵而存在」的見解，承認極細無方分（不可再細分）微塵的存在，藉此破除眾生粗分的執著。

二、經部：

接著為了破除眾生「認為微塵實有」的執著，佛陀開示經部的見解：「當一切在心性上顯現的時候，經驗到的只是自心的顯相而已，而外在的事物，則是以隱蔽分的方式存在。」

三、唯識：

接著佛陀開示唯識的見解，認為外境完全不存在，一切唯心。

四、中觀：

接著如果觀察此心，會發現心不在內、也不在外，並不真實存在，這就是中觀的見解。

接續的偈文會詳細解說這些義理。

▎輪迴的潘朵拉

> 本來無有自相誤爲境，無明惑力誤自證爲我，
> 二取執力輾轉三有界，祈願無明源流自斷除。⑩

一切顯相皆是心的幻化，換句話說，這些幻化也就是心本身。然而因為我們心上具有無明的習氣，這種習氣是一種錯亂，它總是不停地在變動著。由於無明的擾動，就出現了「所執的對境」和「能執的自心」兩種執相出現，我們誤以為外境在他處，和自心毫不相干。

事實上，心是自證自明的，意思是它可以自己知道自己。但

是問題在於，我們不知自證的本質是空，因此誤以為它是
「我」，是一個相對於外境的能執之心或我。由於這樣的誤
解，誤以為有一個外境，並且誤把自證當我，接著就會衍生
出「對於自我的貪著」和對於「他人的瞋心」等各種煩惱。
貪瞋的煩惱，又會出生更多的煩惱，諸如我慢、嫉妒、疑惑
等等。我們因煩惱的生起而造業，業力又讓我們經驗到本質
為三苦的各種輪迴幻相。

凡夫眾生不知問題的根源是什麼，愚癡地以為世間的苦樂是
由外在的天神或有力量的人所賜予，例如讓某某天神高興
了，就會得到快樂，而讓祂生氣了，就會造成痛苦。也有人
認為世間的各種生命或物質，是由地、水、火、風等等不可
思議的元素所生成的。

然而佛陀無論在大乘或小乘的教法當中，都告訴我們一個要
點：輪迴的根源就是我們的心。因此我們可以說，佛教無論
大小乘，都是唯心，因為都承認輪迴的根源接是心。很多人
會說唯心的道理很深奧，不容易理解，一般來說，要了解唯
心，需要從阿賴耶識講起，這些內容在無著菩薩的《攝大乘
論》，和第三世噶瑪巴讓炯多傑的《甚深內義》中有清楚的
解釋。

心無自性，最終極的無所住

以上是講「顯相即心」，接下來是講「心無自性」，偈言是：

> 諸佛亦不見故此非有，有寂二共依故此非無，
> 此不相違即雙運中道，願證如是離邊心法性。⑪

不僅一切顯相皆是心的幻化，而心的自性亦非有。為什麼說「非有」呢？因為「諸佛亦不見」。諸佛是遍知，意思是不會有他們不知曉的事情，而且諸佛不會像凡夫一樣，有時清楚、有時糊塗，佛陀恆常都是遍知的，且剎那間就能遍曉一切。

在修持大手印時，必須要觀察心在哪裡，一點一點去找尋心，從形狀上去看，它是大或小，它是美或醜等等。這個心到底為何物？是色相還是聲音，或者是某種香味、味道或者觸感等等？需要逐步去向內觀察、觀看你的心。同時要去觀察，心是有為法或無為法？是有生有滅的一個東西嗎？教典裡說，當你這樣向內觀察，發現找不到心的時候，就代表是真正在心上修持了。

有的人以為心是一種色相，或以為心是一種聲音，覺得心有美醜、悅耳不悅耳的差別，這些都是誤解，也由於是誤解，所以透過繼續的觀修，可以逐漸消除這樣的錯誤認知。

有的人會以為心是空空的什麼都沒有，這也不正確，所以第二句說心是「非無」。為什麼說心是非無呢？因為我們就是因為未悟自心實相而錯亂，而三有輪迴的一切幻相，都是由於這念無明而生。

由於我們對於自心實相的無明而錯亂，因為錯亂而造業，因為造業而產生輪迴，也就是十二緣起的輪迴。總而言之，我們可以說，整個輪迴幻相的發生，都是因為我們未悟自心的實相，因為那一念無明而生。所以我們經驗的各種痛苦，也是因為不識自心本性，因而錯亂造業而產生的。換句話說，輪迴也好，痛苦也好，這種種不好的部分，都出生自心的實相；同樣各種的好，各種寂靜、解脫的道和果，也是因為自心實相而產生的，其中只是悟與未悟的差別而已。

斷除「有無邊」，修行不要選邊站

一個修行者，在理智上大概知道自心實相是什麼，進而透過持戒等等方式，積聚福德資糧，進而就能體悟自心實相。例如聲聞、緣覺行者，因為對於心性實相有少部分的了悟，因此證得阿羅漢果，而大乘的菩薩，因為心性開展程度的不同，而有資糧道、見道、加行道等等五道之分。最後，完全開展了心性實相，即是證得了佛陀的法身等等四身。

因此心的實相是「非有」亦「非無」的，一般人會覺得這樣的說法不是互相違背嗎？我們都以為不是有就是無，不是無就是有，但其實這並沒有任何不妥。心的實相是「非有」，因為無論在「有」、「常」各種邊際上去做觀察，會發現都找不到心的存在，因此說是「非有」；然而心也不是什麼都沒有，因為心是一切萬法的真實實相，因此說心是「非無」。

所以第三句說這就是「雙運中道」，所謂「中道」就是不落任何一邊，經典稱之為「極無所住中觀」。接下來第四句說，祈願自他一切眾生都能證得這樣的「離邊心法性」。

遮止「是非邊」，邏輯思辨先放下

以上是斷除「有無邊」，接著是遮止「是非邊」。偈言是：

> 所謂如是指認不可得，所謂非爾遮斷亦不得，
> 超越思議法性真無爲，祈願決定勝義真實際。⑫

關於心的實相，佛陀善巧地給予了很多名稱，諸如「空性」、「勝義」、「俱生」等等。佛陀知道如果用不同名稱來講說，能夠幫助眾生領會，不然眾生是無法明瞭何謂心性實相，因此說佛陀是善巧的。

有了不同的名稱，我們就能順著字面的意思去思維它的含意，然而當含意了然於胸時，會知道自心實相完全超越名稱，名稱根本無法形容此實相，所以說「指認不可得」。密勒日巴尊者也在道歌中說：「心的實相沒有任何名稱，也無法被講說、指認或者解釋。」行者要如此了悟心性。總之，藉由種種文字名稱，最終幫助我們了解無可命名之理。

第二句說「遮斷亦不得」，意思是說心的實相無法透過邏輯思辨的遮斷而了悟。我執、實執等等錯亂可以透過邏輯思辨

而加以破除，因為這些都是錯亂。但心的實相本來即無錯亂，是究竟的勝義諦，所以說「遮斷亦不得」。

超越思議，無明造作停一停

第三句說「超越思議」，凡夫的思議之心皆因無明而生，因此無法了悟何謂實相。勝義實相，需要藉由無明的對治法明覺的本智，破除無明之後才能了悟。

最後一句說「祈願決定勝義真實際」，希望自他一切眾生都決定了悟心的實相 「勝義真實際」。

一般來說，透過各種邏輯、因理的分析觀察，去破除「我執」或「實執」，進而觀見實相，是比較困難的。然而如果首先知道何謂勝義，也就是直接領悟到實相的話，如此悟後起修就會比較容易。這也是為什麼我們在學習經典時，會有「遮破」和「立入」兩種方式，「遮破」比較難，而「立入」比較容易，原因在於遮破需要一一破除各種錯亂、無明等等，然而立入並不需要逐一遮破，只要證入實相即可。這

就是修持的竅訣所在。

對此「勝義真實際」，佛陀在初轉、二轉、三轉法輪中的說
法都有不同，在密續當中也有不同的說法，而大手印的廣大
教言，即是總攝一切教義的精華。

無一不是大手印

> 未悟此理漂輪迴汪洋，證悟此理即佛無他求，
> 一切皆爾無一非爾理，願解法性阿賴耶隱義。⑬

這個偈頌主要在說：空性和世俗緣起是雙運的。由於我們不
了解心的實相，所以在輪迴當中飄泊，這在之前已經講過許
多，不再贅述。佛陀的教法有時講起來很冗長，但有時卻
又一兩句話，就把整個佛法都講完了。例如，佛和眾生的差
別，就在於「有沒有覺悟」，如此而已；未悟法性義者即眾
生，了悟者即佛陀，兩句話即可道盡一切佛法。

事實上，輪迴中的一切心理狀態，例如五毒煩惱或者造作

惡業的害心，這一切的自性都是大手印；當我們進入佛法的修持後，我們修持真諦實相，修持心的實相，各種修持也不離大手印。換言之，能修之心和所修之法，都是實相大手印。

同樣，文殊菩薩、觀音菩薩的各種殊勝行誼，也是實相大手印的事業展現。祖師帝洛巴、那洛巴、密勒日巴、馬爾巴等等不可思議的神通示現，也都是大手印的事業展現；我們現在示現出家相，著三法衣坐於禪修墊上，也是大手印的事業化現，經云：「法界性外無一法。」意思就是說，法界實相之外，沒有任何淨、穢之法。這就是第三句所說的：「一切皆爾，無一非爾理」，輪涅一切皆是實相大手印，無論是善妙的涅槃或者不好的惡業煩惱，無一不是實相大手印。

「願解法性阿賴耶隱義」，一般來說「阿賴耶」、或稱為「含藏」是一切輪涅萬法的基礎，有很多解釋，這裡「阿賴耶」是指「如來藏」，也就是輪涅的基礎。

能悟能惑，都是這一顆心

顯現者心本空亦此心，此心能悟此心亦能惑，
能生能滅皆此心所為，祈願心中增益盡斷除。⑭

如同之前已談過，一切顯現皆為心的變幻。一切本無的空性本身，也是心的變化，領悟到此心本空的離戲空性，即是領悟到心的實相，所以說「顯現者心本空亦此心」。

接著第二句「此心能悟此心亦能惑」說，能夠領悟的是此心，各種錯亂迷惑本質也不離大手印。

接著談到說「能生能滅皆此心所為」，生滅一切顯相，無論是生命的始末，事物的起落或者念頭的生滅，這一切皆是心的暫時顯現。實相是沒有生滅的，出生的顯相現起時不離實相，死亡的顯相出現時也不離實相，這一切顯相只是暫時的錯亂而已。

「祈願心中增益盡斷除」，意思是一切現起於心中的「以無為有」的增益造作，要知道都是心，增益者、增益本身都是心。

第三章　從輪迴歧路，走上大手印道

大手印止禪

心在哪裡？其實找不到！就是「空」。

雖然找不到心，能夠覺知一切就是「明」。

讓我們就安住在「明空」當中。

▍禪修暖身操

前一章談到很多「斷除增益」的方法，增益斷除之後，就要進入修持。偈言如下：

> 不受刻意造作所染污，未遭世俗紛擾風動搖，
> 祈願精熟保任無造作，本來自安心體之修行。⑮

行者在修持大手印時，首先要斷除「世俗紛擾」。「世俗紛擾」指的是各種為了獲得世俗暫時享樂的起心動念和身體、語言上的行為。例如為了變得有錢、有名聲等等自私自利的努力。

斷除世俗紛擾之後，要到靜處去修持，靜處是指修持禪定不受干擾的地方，通常是指簡樸之處，不會勾起貪欲之所，比如密勒日巴尊者就到深山崖洞修持，在這樣的地方貪欲不容易生起。又如僧眾都是住在寺院，自然減少對於家人或者財產的貪著，如果已經離貪，當然住在家中是沒有問題的，因此重點是「不貪執」。

▎一分鐘大手印禪修

接著要坐在一個如法的舒適禪修墊上。身體挺直，金剛跏趺坐，保持禪修時身體的要點。接著禪修的內容就是之前偈文所說的，總而言之，心要住於自然「不造作」，同時不散亂地保任在實相當中。這時無論生起任何念頭，都不用刻意去阻斷，念頭生起時，只要不對其生起貪執，這就是修持。密勒日巴尊者曾說：「修持大印時，當斷造作意。」意思是在做大手印的禪修時，要斷除造作、刻意的修持。

接下來我們要短座修持大手印，懂得大手印修持的人，修持一分鐘，會有一分鐘的收獲，不熟悉大手印修持的人，稍微嘗試一下禪修，稍微保持不造作的安坐一分鐘，也會有幫助，這也算是禪修。接下來禪修一分鐘：

> 心在哪裡？其實是找不到的，
> 找不到就是「空」。
> 雖然找不到心，
> 心卻不是黑矇矇什麼都沒有，
> 我們清晰地能夠覺知一切，這就是「明」。
> 我們就安住在自心「明空」的本質中。

▍「本來自安」該如何？

這裡要補充說明，前面說到要遠離世俗紛繼，是指捨棄那些自私自利追求世俗享樂的各種作為，然而，如果行者能夠在經驗這些世俗紛擾時保持覺知，不散亂地安住在其自性的話，這些世俗紛擾也會成為禪修。生活當中，難免會生起很多世俗的念頭，如果能在生起念頭時保持覺知，不跟隨念頭而渙散的話，這即是做到了斷除世俗紛擾，換句話說，世俗無法動搖你。

總而言之，當你懂得不散亂地保持覺知，你就不會再被妄念束縛，不會再需要像世間人那樣辛苦追逐享樂，同時，你也不再需要刻意強壓各種念頭，這樣身心都會生病的。所以我們要做的，就是不散亂地安住在這一切經驗的自性當中即可，無需刻意追逐或者阻斷任何事物，禪修即是這般容易。因此過去噶舉祖師曾說：「雪域藏地雖然有著各種佛教見解和教派，然而精通禪修的，唯有噶舉派。」

文中提到的「本來自安」，意思即是自然不造作，不要刻意地想要改變什麼。這樣修持的過程當中，需要依靠有經驗的上師指導，得到指導之後，弟子回去練習，練習之後，再

去請教上師。如果上師沒有經驗，可能就無法給予適當的幫助，弟子會不知道如何安住於「本來自安」的「心體」當中，因此說要「精熟」。

弟子持續地長時間禪修，同時要具備善巧和智慧地修持：

一、智慧的禪修：

就是文中所說的，嫻熟於無造作地保任本來自安之心體；

二、善巧的禪修：

是指修持《四座上師相應法》等上師相應法門來開展禪定。或者念修金剛薩埵儀軌，修持二臂瑪哈嘎拉儀軌，對護法作供養、囑咐事業等。一些密續典籍中也提到「薈供」是開展修持的殊勝方法。

總而言之，行者要具備智慧和善巧，不渙散地持續修持大手印。如果內心已經領悟了大手印，接著的重點就是要持之以

恆地練習，如果斷斷續續，例如修了一陣子，結果很多天、甚至幾個月都不再練習、思維禪修的話，禪修將無法進展，甚至會退步的。

▎航向寂止心海

大手印的修持，主要有「止」和「觀」兩種方式，次第上來說，先從修「止」入手，接著進入到「觀」，最後進入到最殊勝的修持 —— 止觀雙運。

止的禪修，讓妄念寂止於實相
首先要講的是「止」的修持，偈言是：

> 粗細妄念波濤自平寂，平緩心河漸流漸停止，
> 祈願遠離掉舉昏沉泥，寂止大海不動得穩定。⑯

一、妄念濤湧階段：

所謂「粗的妄念」是指凡夫一般會具有的貪心、瞋心或者對於事物的貪執等。開始修行之後，同時還會發現自己還有很多平常沒有察覺到的「細微妄念」。很多人都是在開始禪修之後，才驚訝地發覺到，自己原來有這麼多細微的妄念。

如同之前所談到，行者需要具有智慧與方便而修持，而在持續地修持與保任之後，行者不需要刻意阻斷妄念，這時候各種生起的粗分妄念，會自然而然地歇息於實相當中而平息。

行者首先會察覺到，自己粗分妄念持續不斷地生起。當妄念能夠逐漸自然歇息於實相當中時，偶而還是會有一兩個不淨的妄念生起，但大部分的妄念都能平息下來；當修行持續進展，偶爾會有一兩個無法歇息的妄念生起，大部分的妄念都能歇息於心性大手印的實相當中。這是在粗分妄念上的修持方式，另有在細微妄念上的禪修方式，方式稍有不同。這些內容在廣本的禪修教本中都有解釋，各位可以參閱。

妄念生起時，不要覺得它不好，只要直觀妄念的本質即可。大手印教言當中有這麼一個比喻：就像木柴愈多火勢愈旺一

樣，妄念愈多，愈能夠幫助行者的禪修增長。因此不要覺得妄念不好，噶舉祖師們也說：「要感恩妄念。因為妄念是禪修的助緣，對禪修是有幫助的。」

現在很多人對於佛陀說的「無分別念」有所誤解，以為禪修時不可以有任何念頭生起，這樣的觀念是錯誤的。噶舉祖師以自己實修的經驗告訴我們的口訣是：「無分別念，不是阻斷妄念，而是體認出妄念的實相。」

二、心河平緩階段：

當粗細妄念的波濤逐漸平寂之後，平緩心河也會漸流漸停止。一切妄念都從阿賴耶識出生。佛陀說道：一切世俗輪迴的不淨錯亂，都是由阿賴耶識所生。而阿賴耶識的本質——大手印、如來藏，則是輪涅一切萬法的根基，這被稱為阿賴耶智。因此，阿賴耶分為兩種，一是阿賴耶識，一是阿賴耶智，這裡第二句「平緩心河漸流漸停止」是說阿賴耶識逐漸安住到實相，也就是安住到阿賴耶智、如來藏中。

第三句提到禪修的障礙：「掉舉」和「昏沉」。昏沉是指處

在一種糊塗、迷惘的狀態，以致無法行持善法。有時煩惱過多，也會導致昏沉。另有一種是行為造成的昏沉，例如吃得過飽或者穿太多。還有一種情況是由於疾病導致的精神渙散，以至於昏沉而無法修持、行善。

初學者需要透過對治法來消除昏沉，譬如將視線抬高、朝上方看，或者觀想大日如來等白色明亮的本尊，幫助提起精神。禪修經驗較好的行者，只需直觀昏沉的本質，認出實相即可，不需要其他的對治法門。然而比昏沉還嚴重一點的，就是完全昏睡過去，這是需要對治的。

還有一種禪定的障礙是「掉舉」，意即心中掛著某件執著的事情放不下，心中東想西想，一會兒想到要去哪兒玩樂，一會兒又想去哪裡逛逛，一會兒又想做些什麼事情，總之完全靜不下來。此時的對治法，是將心專注在顏色較深的本尊，例如不動佛等等藍色或者黑色的本尊。同時眼睛不要朝上看，視線稍微放低。有修行的人，就和之前說的一樣，不需要任何對治法，只要直觀掉舉的自性，掉舉就能自然安住到心性實相當中。

三、心海不動階段：

當行者遠離了掉舉和昏沉的障礙之後，生起昏掉等等障礙的不淨阿賴耶識，就會不動而安住。一般來說，當行者繼續修持大手印的止觀禪修，不清淨的阿賴耶識就會越來越薄弱。因此偈文的最後一句，用不動的大海做比喻，不動的大海，就是指趨向穩定安住的阿賴耶識。

接下來，我們同樣做一分鐘禪修，有經驗的人可以依照剛剛所說「直觀本質而安住」，沒有經驗的人也試著靜下來禪修。

至於此處提到禪修時的「泥沼」，也就是障礙，其實不只掉舉和昏沉兩種，在註解本當中還提到有更多的泥沼，以後大家可以多去閱讀了解。

第四章　大手印止禪

第五章

大手印觀禪

上師在指引弟子心性時，

弟子一開始觀見的，會是類似心之實相的「倒影」；

當證悟力開展，發現：哦，之前只是見到「心性的倒影」，

那就是「見道位」了……

接下來談的是大手印的「觀」的修持，其要點不在於心的「寂止」，而在於「觀見實相」。

如同所有的修持法門，每位行者的情況、根器不同，有的人適合由止入手，有的人適合由觀入手，想要尋求教導的學生，自己先要觀察自己的心性，看看自己適合哪一種教學，並依此而入手修持。上師也要觀察弟子而給予相應的指導，就像佛陀給予教學的時候，會依照弟子根基而給予不同乘法的指導一樣，大手印禪修的帶領也是如此。

輪迴眾生的心都是錯亂的，但每個眾生錯亂的狀況又各有不同，因此上師需要觀察弟子的情況而給予個別的指導。經典中說，一位具有高深修持覺受和證悟的上師，能夠清楚知道弟子的問題並準確地給予指導。然而，即使上師自身並不具備高深的覺受和證悟，但若能給予一般性的禪修指導，弟子逐漸也會受益。

觀禪重觀見心之實相

再再觀照無所觀之心，即能如實勝見無見義，
懷疑是非自然斷除者，唯願自悟無誤自本面。⑰

佛陀在經續典籍當中，常會將心的實相形容為「無所觀」、
「無所見」、「無所聞」等等。雖然心的實相無所觀見，但
是如果能夠無造作地安住於自心，即能勝見心的實相，因此
第二句說「如實勝見無見義」。

過去上師在指引弟子心性時，弟子一開始觀見的，會是類
似於心的實相的「倒影」。弟子這時雖然沒有真正觀見到
心性，但教本上也說，這樣觀見到的一種倒影，會類似於
經續典籍所形容的一樣：「無所觀」、「無所見」、「無所
執」，或者說是「明光」，因此弟子可能會誤以為自己已經
了悟了心性。事實上，那只是一個倒影而已。

隨著弟子不斷的精進禪修，證悟力得到開展，那時才是真正
見到了心性實相，也才知道：喔，以前一開始見到的只是
「心性的倒影」。這時弟子就進入了「見道位」。

依照大手印禪修次第教授來說，在行者達到「見道位」之前，對於心的自性稍微有些認識和瞥見，這個時候是「大資糧道」的階段。修持持續開展，直到妄念體現為實相時，就進入到「加行道」。講到「加行道」時，按照經典的說法，當中分為煖、頂、忍、世第一法這四種階位，然而在大手印教學傳統上，有時會提到這四種階位，有時也不提，總之在這個階段的修持，是相似於大手印的一種修持。隨著繼續修持，就會進入「見道」，這時才真實了悟實相。

岡波巴大師傳記當中記載，當他跟隨密勒日巴尊者學習禪修時，一開始以為自己已經親見大手印。但經過一段時間的修持之後，他生起了離戲的證悟，這時他才明白之前見到的，只是心性、大手印的倒影而已。我們從過去許多成就者的傳記都可看到類似的記載。「即能如實勝見無見義」，這一句的重點在於「勝見」，勝見到心性實相之後，接著修持的重點就在勝見上，而非寂止了。

經典中說：具備了勝見，就是了悟心性，這時已不再有任何「這是不是實相大手印」的懷疑，然而，就算達到了如此的境界，認識到了心性，這時還是會有非常細微的懷疑。一直要到心性實相完全開展之後，懷疑才會完全根除。

第四句「唯願自悟無誤自本面」，是祈願自他一切眾生，都能無誤地了悟自心本來面目。

從外境到心境，再到究竟

接下來這個偈文，是在上一個偈文提到的勝觀基礎之上，更進一步的精修：

> 觀察境時無境唯見心，觀察心時無心體本空，
> 觀此二時二執自解脫，祈願證悟明光心實相。⑱

一、顯相是心：

在很好地了悟自心之後，生活當中無論經驗到任何色、聲、香、味、觸等等顯相，只要直觀它們的本質，會明白這一切都是心的自顯相，並不是於外實有存在的事物。

所謂「顯相是心」有許多不同的解釋，其中「一顯為多」

的解釋比較容易了解。舉例而言，現在我們幾千人齊聚一堂，這個祈願會場只有一個，但是我們每個人的心上，顯現出的祈願會場的相貌卻都是不同的，這是因為我們的心是相異的，因此各自的顯相也都不同。如果顯相是實有存在的，不是心的顯相的話，那麼每個人經驗到了不同的顯相，理應就應該有不同的顯相實際存在，如果這樣的話，前面這根柱子就應該有幾千根，因為現場幾千人都能看到，而顯現在每個人心上的柱子相貌都是不同的。但實際上並沒有幾千根柱子存在。因此一切都是心之所現，換句話說，就是「顯相是心」。

以上「一顯為多」的說法可見於無著菩薩的著作，同樣在大手印禪修教本當中也多有引用。總之，第一句提到的「無境」，意思是每個眾生心上顯現的相貌都不相同，但是因為很相似，誤以為是同一個東西。

在一些禪修教本中提到，孩童、年輕人和老人所感知到的色相都不一樣。對於孩童來說，柱子、圍牆、電燈等等所見之物都是玩具，對於年輕人而言，見到這些東西卻是工作、責任之事，老人看到的又都是很辛苦的東西。我們可以觀察看看，一個孩童、年輕人和老人同樣在觀看某一樣

東西時，會是相同的經驗嗎？

針對「觀察境時無境唯見心」這一句，有很多不同的說法，這裡講到的「一顯為多」的方法比較容易理解。

二、心是空性：

第二句「觀察心時無心體本空」，是要我們自己向內看看自己的心，看看心是什麼樣子的？是大或小、美或醜？無論如何去觀察，都找不到心。其實心是很奇特的：說它「非大」，因為心可以小到進入微塵的孔隙中做觀察；說它「非小」，因為當你的心中想到星星、月亮或太陽時，心又大得能夠容納這一切。然而無論如何觀察自心，心是無法被找到的，所以說「無心體本空」。

三、二執自解：

無論是「境」和「心」都非實存，所執的「境」和能執的「心」都不實存，因此第三句說「觀此二時二執自解脫」。

佛陀稱此「二執自解脫之心」為「心性明光」，心性明光是很奇特的，因為是它隨時都在作用，準備好覺知和觀看，然而卻遍尋不到。佛陀在圓滿成佛的那一刻，證得了遍知一切萬法的本智，就是因為他究竟了悟了心性明光。其實就像是當下這一刻，心性明光也一直自然地開顯著，因此從這個角度來說，初學者如果能夠保持自心於自然不造作，也可稱之為大手印的修持；雖然此時還未完全了悟大手印，但已算是大手印行者了。

知道一個，就知道了所有的

超越作意此即大手印，亦即遠離諸邊大中觀，
復能總攝故名大圓滿，願得知一盡解一切義。⑲

「作意」是指各種「是我」、「是空」、「是明」、「是大」、「是小」的認知執著。由於我們現在的妄念、二執顯相都是錯亂，因此總是需要作意 想要作些什麼，這時已經遠離了實相。事實上，實相真理本然如是，我們根本不需作意什麼而得到，這樣超越作意就稱為「大手印」。印是印章，表

示淨穢一切萬法的本質都不離此印，也就是心性實相，因此稱為大印。

就像之前提到過，心性實相遠離各種有無、是非之邊見，因此說是「大中觀」，甚至也不在中間，因為「中間」也是一個方位，因此稱為「大」中觀。同時它也可以稱為「大圓滿」，因為心性實相包含一切，圓滿涵攝聲聞、緣覺、小乘、大乘、密續等等一切萬法。

第四句提到「知一盡解一切義」，知道了一法，就能通曉一切法門，意思是只要了悟心性實相這一法，即得通曉一切法義。上根器弟子即是如此，他們了悟心性實相大手印，也就了悟萬法。然而現今少有上根器弟子，因此中下根器的行者，就算了解了大手印，還是無法通曉一切法義。雖然大手印實相本身具有通曉一切法義的力量，但是現代人，也就是中下根器的行者，因為沒有斷除覆障，因此無法馬上盡解一切義。此處祈願自己及一切眾生，能夠「知一盡解一切義」。

第六章

當覺受如雨後彩虹閃現

當你修得「好有感覺」，

樂、明、無念的經驗紛紛生起，怎麼辦？

或者忽然「完全沒感覺」，又該怎麼辦？

有感覺不等於已證悟

無耽大樂持續不間斷，無相明光遠離眾遮蔽，
難思無念任運自然成，祈願無勤覺受不間斷。⑳

接下來是有關禪修時的「覺受」和「證悟」的祈願。

「覺受」與「證悟」不同，「覺受」是在禪修時會出現的各種奇特顯相和經驗，例如覺得自己「得到證悟」、「得到成就」等等感覺。如果執著這些覺受，禪定之力就會衰減，因此有經驗的上師這時候會告訴弟子：「你這只是覺受，不是證悟，因此不要執著。」藉此幫助弟子斷除對於覺受的執著。

在比較詳細的大手印禪修教本當中，談到更多斷除貪執覺受的方法。當你實際禪修生起了某種覺受時，可以去參閱了解。

不僅是大手印法門，任何佛教法門的修持，重點都是不要貪執。佛陀初轉法輪時，就教導弟子要遠離一切貪執，例如告誡比丘們不要貪執法衣和鉢。曾經有位比丘，因為貪著自己的鉢，結果來世投生為蛇。身為佛弟子，一切貪執都應斷

除，甚至對於佛的法身也不能夠貪執；我們應該修持法身，但要不帶任何貪執而修。

一、不執「大樂」覺受

為什麼修持之後會生起各種覺受呢？無始以來，我們因為無明而輪迴，心續當中充滿了各種煩惱，當一個行者開始修持之後，生起煩惱、妄念的根本無明受到了對治，力量大大減弱，因此那些本來依止無明為家的各種煩惱、妄念就開始到處亂竄，此時覺受就出現了。就像是原本的道路崩壞，車子只好繞道行駛，有的急著迴轉，有的想要馬上繞道而行，大家橫衝直撞，結果交通大亂。

行者在修持甚深大手印法門時，無明煩惱得到了對治而改變，原本隨著無明、煩惱運行的業風，無法依循原本的煩惱之道而行，開始變得混亂，各種覺受也應運而起。例如有些行者晚上會做一些非常混亂或者恐怖的惡夢，經典說：「這即是業風、煩惱被阻斷的徵兆。」過去如密勒日巴尊者、岡波巴大師、噶瑪巴杜松虔巴等等噶舉祖師，都有過這樣的覺受，現代一些修行者也有過類似的經驗。

以上第一句「無耽大樂持續不間斷」談到的大樂覺受，只是各種覺受當中的一種。

二、不執「明光」覺受

接著第二句「無相明光遠離眾遮蔽」，這裡提到不要執著心性的實相光明，意思是不要有「這是光明」或「這是大手印」的執念。在《現觀莊嚴論》的〈一切智品〉當中提到：「執佛等微細。」意思是對於佛陀、十力、四無所畏的貪執，是屬於比較微細的錯亂和貪執，這些微細的執著也應斷除。密勒日巴尊者的一些弟子，對於覺受生起了貪著，或者對於心性實相生起誤以為真的大貪執，當時尊者就一再告誡弟子這樣的貪執是錯誤的，一定要加以對治、斷除，這在尊者的傳記和道歌當中都有記載。

三、不執「無念」覺受

再下一句「難思無念任運自然成」提到，一切心思皆為錯亂，皆由無明所生，帶有能所二執，這是我們要超越的。超

越心思、自明自證的本智,才是真正遠離了二執的戲論。這一句的重點是:唯有自明自證的本智才能明瞭大手印,帶有二執的世俗心思是做不到的。

這裡提到的「無念」,不是刻意讓自己沒有念頭,或者阻斷念頭的生起;能夠自然安住在妄念的體性之中,即是「無念」。

四、生起覺受,中斷修持應懺悔

第四句說「祈願無勤覺受不間斷」,之前談到不要貪執覺受,因為貪執覺受會壓制證悟的生起,然而如果能夠遠離貪執,覺受就能夠成為禪修的助緣,增長禪定的力量。所以這裡提到不需斷除覺受,而是祈願覺受能夠不間斷地生起。

當行者生起大手印的覺受和證悟之後,就要無有間斷地去保任修持。如果幾天、幾月完全沒有想到禪修,渙散在俗世的各種紛亂俗事上的話,這樣是有些罪過的。行者生起了大手印的體悟,接著卻放任不管,就如同你請到一尊佛像,卻不好好供養照顧,而讓佛像落滿灰塵甚至歪倒在地上一樣。所以當你發現自己沒有保任修持,散亂在俗世的時

候，就要馬上念誦〈三十五佛懺〉、金剛薩埵百字明咒，藉此懺悔、還淨。

一般來說，若是密乘弟子，金剛薩埵的修持和百字明咒的念誦，是每天都不能中斷的。依照法王噶瑪巴的指示，身為噶舉弟子，應該念誦修持《四座上師相應法》，其中的〈空行淨障文〉，也就是觀想各色智慧空行放光清淨罪障的那一段，傳統上會說念誦〈空行淨障文〉等同於念誦百字明咒，因此，如果每天能夠不間斷地念誦《四座上師相應法》也是可以的。

我們修持大手印的行者，難免都會遭遇因為渙散而中斷修持的問題，我自己偶爾也是如此，因此無論如何，每天念誦《四座上師相應法》或做金剛薩埵的修持，是非常重要的一件事情。

▍守護證悟，別貪著覺受

前面已經談過分別「覺受」與「證悟」的不同，重點在於

你要保任、守護你的證悟，不要貪著覺受，能這樣做到的話，修持和證悟就會有所進展。再者，貪執覺受，將會導致你投生到欲界、色界等天界的果報。如果貪執更強烈，加上沒有好好保任修持，最壞的情況就是會從天界下墮，繼續在輪迴之中流轉。

這部祈願文當中，只是提到一般禪修時會出現的覺受，然而因為不同的根器、身心條件等等差異，每個人也會經驗到一些只會發生在自己身上，甚至在經典中也沒有記載的個別覺受。這時不僅自己要注意觀察，也要接受有禪修經驗上師的指導，避免貪著這些覺受。不要貪著覺受的方式很多，祈願文是透過祈願的方式，幫助我們淨除對於覺受的貪執。

這經驗並不特別，別想太多

總歸而言，當禪修的覺受生起時，無需捨棄那些覺受，唯一要做的就是認出覺受的本質，讓它成為禪修的助緣。

修持大手印最理想的狀態，就是日夜精進不散亂地修持。不然至少每天要給自己幾分鐘的時間，好好修持大手印。不間斷地禪修，最終會幫助行者達到一種很好的狀態，就是覺受成為了證悟、證悟成為了覺受，覺證無二。

一些初學大手印的人以為，大手印的開顯，意味著會經歷到一些特殊的景象，例如出現光芒、體驗空靈或者見到殊勝莊嚴的景象。其實經驗大手印一點也不特別，那只是心無造作，自然的安住而已，然而這種經驗通常無法用言語來形容。因此，傳統在教導大手印時，為了避免誤導弟子，因此開始時並不會使用「大樂」、「明光」、「無念」等等特殊的用詞，而是使用比較普通的用詞，例如「明」、「覺」、「本然」、「鬆坦」、「不造作」等等，藉此幫助弟子保持謙卑而禪修。隨著弟子的修持逐漸穩定，各種覺受和體悟生起之後，才會使用特殊的名稱，這樣比較不會造成問題。

健行三昧，無畏摧伏一切煩惱

修持大手印的時候，都會生起許多覺受，這時依止一位有經

驗的上師，並在他的指導之下繼續修持。持續修持之後，證悟就會逐漸開啟，修持穩定到達一個時間點時，行者從此不再被覺受所影響，這被稱為大手印禪修的「離戲」階段。這時行者已然徹觀法性真諦，就算有煩惱生起，也會被修持之力所摧破，因此不再有任何生起煩惱的恐懼，這也被稱為「健行三昧」❶。

傳統上用獅子來做比喻，牠對任何其他猛獸，例如豺狼虎豹等等都毫不畏懼，以此來比喻大手印能夠摧伏何煩惱，絲毫無有畏懼。這也被稱為「如幻三昧」，此時照見萬法如夢如幻，毫無任何實有的執著，不會經驗到苦而感到傷心，也不會因為經驗到樂而生起貪著，此時對於行者而言，苦樂毫無差別。

❶ 梵音為「首楞嚴三昧」或「首楞嚴三摩地」。

第七章

當「平常心」如新月微笑了

一切念頭生起的當下，
就自然淨歸於法界，
無需刻意做任何對治，
就這樣安住於心的實相。

這就是了。

平常心恰恰好

> 貪善覺受執著自解脫，惡念妄想淨歸法界中，
> 平常心中無取捨得失，祈願證悟離戲法性諦。㉑

覺受最主要有三種：樂、明以及無念。偈文第一句「貪善覺受執著自解脫」的「自解脫」一詞，代表不需任何對治法，各種執著自然解脫，就如同波浪自然消融於大海一般。

偈文第二句「惡念妄想淨歸法界中」，之前談到妄念有分粗重和細微等等，這一切念頭生起的當下，就自然淨歸於法界，無需刻意做任何對治，這樣的安住於心的實相，噶舉派稱之為「平常心」。就像當我們說某某人就是一個普通人的時候，他不會因為是否擁有響亮的頭銜而變得比較尊貴或貧賤，他不受任何好壞情況的影響而改變。同樣在對待自心的時候，我們只要讓它安住在它本來的原貌——實相當中就好，不需吹捧，也不用貶抑它，這就是保有平常心的意思。了悟大手印的成就者，也從未試著改變平常心而讓它變得更好，一個不喜佛法者或者一個惡人，他的平常心也不會因此而變得不好。

例如密勒日巴這樣一位大成就者，他心續的本質——平常心，證悟之後和他未證悟前一樣，並沒有變得更好。我們還未了悟、得到成就的心性實相，和馬爾巴、密勒日巴等等大成就者們的心性實相，是毫無差別的，甚至和佛陀心續中的法身，也毫無差別。唯一的差別是佛陀和成就者們，已經淨除了各種覆障，心性實相得以全然開顯；我們則不然，我們還活在顛倒錯亂之中。

▍沒有要斷除的，也沒有要得到的

因此這裡提到對待平常心時，不需斷捨任何「所斷」（應該斷除的對境），也無需採取任何「對治法」，所以說「無取捨」。例如煩惱這樣的所斷，其實是無法被斷除的，因為一切煩惱如夢如幻，根本無有可斷之處；同樣，也不需採取、添加什麼對治法，因為一切煩惱、妄念的本質即是平常心。

密續儀軌當中也提到「五毒煩惱即五智」，五毒煩惱的本質即是五種智慧。此處所謂無取捨得失的「得」，意思是佛果

和成就的達成，並不是得到什麼新的果位，而是你開展了本具的平常心，如此而已。

道果無二，過程即目的

因此，依大手印傳統來說，「道」與「果」是無二的。何謂「道法」？就是幫助我們消除煩惱障礙的對治法；那何謂「果」？是指各種覆障清淨之後，實相得以完全開展。換句話說，所淨的各種覆障的實相就是平常心，能淨的道法的實相也是平常心，這裡的「道法」，指的即是智慧和三摩地，藉由慧和定來淨除、對治所淨的覆障或煩惱。而心性實相大手印也就是智慧波羅蜜，也就是三摩地，其實心性實相本來無有動搖，這樣的本質就是三摩地，因此當我們說「我在修持三摩地」的時候，這並非意味著要新增加或得到什麼，只是讓本自具有的三摩地本質開顯出來。

同樣，緣眾生的悲心和對佛法的信心，也是平常心、心性實相的本質，因此我們才會對於未悟的眾生生起悲心，並且對於能夠開導迷惑眾生的佛法生起信心。當行者了悟心性實相

之後，這些本具的特質就會逐漸開展出來。

一個過去生中造作了極大的罪業，例如殺害了許多人的惡人，他們未來之所以還是能夠懺悔、淨除罪業，並且積聚善業，這都是因為他們本具的心性實相的能力而能成辦。

總而言之，行者若能做到「道果無二」的修持，果位自然即成道用。換句話說，行者無需任何道法、對治法，而是果位本身展現為所修的道法。所修是大手印，果位也是大手印，這即是「道果無二」。

你的如來藏，開顯了幾分？

輪迴、涅槃的認知，和基於此認知上的一切作為，都是依於如來藏而起。凡夫未悟此理，因此顛倒錯亂地輪迴。眾生的愚癡在於「視有為無」，例如我們本有如來藏，眾生卻以為沒有；同時愚癡地「視無為有」，例如本來無我，卻誤認有我。由於這樣的顛倒錯亂，而造作殺生、欺騙等各種惡業。這都由於眾生未悟如來藏而導致。

現今世界上可見有大量殺雞、捕魚等活動，但這些動物的本質也不離大手印、如來藏。為何會有人因為殺生落入地獄中？就是因為未悟自己內心具備如來藏本質，也不瞭解其他動物同樣具備如來藏、大手印本質。總而言之，眾生能夠往生極樂世界是依於如來藏；相對而言，無量眾生之所以會墮入地獄等等惡道，也是因為不認識如來藏與大手印而落入的。

菩薩是指「了悟部分如來藏的行者」，由於觀見到部分的實相，因此菩薩能夠以布施、持戒、忍辱、運用智慧為眾生說法等等行誼來利益眾生。而圓滿的佛陀，圓滿、完整地觀見如來藏、大手印，因而示現出十二種行誼。

因此，我們修持大手印的行者要瞭解到：凡夫、菩薩或是圓滿佛陀等等，雖然各被貼上不同名稱，但他們的基礎，都是如來藏、大手印。

一、眾生：眾生不明瞭一切客塵煩惱，都如夢如幻，並非真實存在。事實上，被稱為「眾生」的一切有情，他們的基礎，就是這些煩惱背後的如來藏、大手印，這也是為什麼在密續的本尊觀修當中，會觀想一切眾生都是本尊。對

於噶舉派行者而言，一聽到、想到「眾生」時，不是眼睛所見的外相眾生，而是其「如來藏」。這樣的觀念不僅有助於觀修，而對於菩提心的生起也會很有幫助。

二、菩薩：同樣的，所謂的「菩薩」，不是外相上的文殊、觀音等形象，而是其內心之如來藏、大手印一半清淨、一半還未清淨，換句話說，只開顯出一半的實相。

三、佛：提到「佛陀」時，我們知道指的就是「法身」，也就是圓滿開顯的如來藏、大手印。當然我們說佛陀也有色身，但那僅是度化眾生的善巧方便。

總之，佛學名相不是一般的世俗名稱，這些名相背後都是有其深意的，掌握了這個要點，行者在義理的領會和實際的修持上，都會得到助益。因此對於佛陀所講說的顯密典籍當中的不同佛學名相，都要帶著這樣的觀念去聞思，那麼你就會領會佛法；但是如果帶著世俗的眼光，以為是世間的名詞術語而學習佛法的話，你是無法領會佛法深意的。

如來藏沒有保鮮期

不論是如來藏全然未開顯的眾生，或者是部分清淨的菩薩，全然開顯的佛陀，如來藏都不會有任何改變。眾生歷經例如地獄、餓鬼道等等惡道的無量痛苦，但無論他在經歷何種痛苦，他的實相如來藏並未有任何增損，因為如來藏是實相，痛苦只是如夢的假相，假相是無法動搖實相的。

如來藏永遠不會過期壞掉，世界上再堅硬的事物都有壞滅的時候，因為這一切都是因緣和合的剎那法，剎那剎那地形成，也剎那剎那地在壞滅。而如來藏、大手印並非因緣和合法，因此沒有變異。如來藏是沒有時間的，事實上，時間只存在於錯亂的顯相當中，因此經典在闡述甚深義理時，會說那是「無時之時」。

現在位於尼泊爾的聖地之一（南無布達），是佛陀過去生中曾經捨身餵虎的地方，他之所以能夠做出如此殊勝的布施，就是因為了悟了大手印。當時過去生的佛陀安住於如來藏、大手印的正觀當中，老虎完全無法傷害到這樣的正觀，因為佛陀安住於自性而遠離一切恐懼與痛苦。老虎飲血噬肉，對佛陀來說，一切僅如夢幻，就如同當我們知道槍林彈雨只是

一場電影的時候，對那樣的畫面就不會感到恐懼。

過去密勒日巴尊者不吃不喝很長一段時間，骨瘦如柴，但他並不覺得辛苦，因為他能正觀一切痛苦如夢似幻，大手印實相是不會餓到也不會變瘦的，密勒日巴的自性就是大手印，因此他就是安住於大手印的正觀。總而言之，大菩薩們能做廣大利益眾生之事，都是由於堅固不動的如來藏。因此諸佛在輪迴未空之前，會善巧方便地變幻出無量色身來利益眾生。

例如釋迦牟尼佛誕生於娑婆世間，示現十二種行誼，最後示現涅槃。之後又示現成菩薩，發菩提心、行持六度，最終又示現成佛，然後涅槃，之後又示現為依止某位上師的弟子等等，直到輪迴未空之前，他的色身變幻無盡。這一切都是因為不動的如來藏的力量。如果不是因為正觀大手印或如來藏，一個人無論再怎麼努力，終將無法達成如此廣大利益眾生的成就，他利益眾生的力量終有用盡的一天。由於法身不是剎那的生滅法，因此不會耗盡，利益眾生其實如夢如幻，佛菩薩不會感到辛苦。

不論如何，還是要勤快地修

此偈最後一句發願：「祈願證悟離戲法性諦」。這樣的深意，佛陀在《大法鼓經》中也有闡述，佛陀說：「凡夫之心與佛之菩提無有差別。汝等弟子切莫視之為二。」同樣在《月燈三昧經》中佛陀從不同角度說道：「色及色性及以如來等無有二，若能如是見諸法者，是名行法無礙。」對於佛菩薩而言，當他們見到任何色法，譬如看到一個人、一個動物，或者房子、石頭時，正觀到的即是實相如來藏。然而凡夫由於無始以來的顛倒執著，我們見到這些事物時，卻無法觀見實相。

同樣佛陀也曾說「不要試著尋覓菩提，也不要試著除去煩惱。」換句話說，佛果不是向外去求，而是當眾生向內了悟了自心實相，那麼佛的菩提就開顯出來。同樣，也不需刻意去斷除煩惱，只要悟到了煩惱的實相，煩惱即得斷除。

在一些佛經當中，會看到佛陀嚴厲地提到落入常、斷邊的過患，並且提醒弟子要對此戒慎恐懼。但是也看到佛陀在一些經典中提及「無需畏懼常斷邊」，這意指無需斷除常邊或斷邊，因為只要了悟常斷二邊的本質，當下也就斬斷

了各種邊執。因此會說所有菩提佛果的功德都是無有差別的，就像是太陽和太陽光無有差別一樣。就像是沒有不是光芒的太陽光，同樣佛陀的菩提果位，就是智慧波羅蜜；而眾生心的實相，也是智慧波羅蜜，就是大手印，而大手印就是一切眾生心的本質。按照大手印傳承而言，為何我們仍在錯亂、在輪迴？就是因為我們不知如何安住在實相當中。

修持大手印法門，不是在努力外加一些什麼修持，這裡唯一要努力的，只是消除錯亂而已，因為一切問題都歸咎於我們的顛倒錯亂。如果行者懂得如何消除錯亂，就能安住在本然的實相當中，大手印的傳統稱此修持為「遠離勤修之勤修」，意思是勤修並非達成多一些什麼，而是減少、消除錯亂。

接下來，對於以上所說的道理，有經驗的大手印行者，就自然安住於實相當中。如果是初學者，就試著這麼去修持，種下一個善的習氣種子。

每天都要撒下好種子

習氣種子主要是種在我們的第八阿賴耶識當中，而我們每天剎那剎那都在種下無數的習氣種子，例如早上起來盥洗，這個習氣種子就種在阿賴耶識當中。接著早餐喝茶，也在阿賴耶識種下種子，總之一切剎那當中所見之色，都種在阿賴耶識當中，一切剎那當中所生的念頭，也都不斷地在阿賴耶識中種下習氣。

然而我們對於佛法生起信心，或者聽聞、隨喜大手印法門，這一切也會種下習氣，但不是種入阿賴耶識，而是種入阿賴耶識的自性，也就是阿賴耶智、如來藏當中。

這和一般習氣的種下方式有所不同，阿賴耶識積聚的是各式各樣的習氣，然而所謂在阿賴耶智或者大手印實相當中種下習氣種子，不是在累積新造作的習氣，它被稱為「種下聞法的習氣」，意思是透過佛法的聽聞，而讓潛能開顯出來。例如今天聽聞了佛法、生起了信心，自心實相就會因此展露一些，然後又持守戒律，自心實相也又開展一點，如此這般地每天持續一點一點地禪修、持戒，這所有的善行，都在幫助本具的實相逐漸開顯出來。這樣開展實相的過程被稱為「種

下聞法的習氣」。

這種聽聞佛法的習氣，例如聽聞到過去沒有聽過的甚深教法，這樣的習氣是很有力量的。尤其當你聽聞到的當下，如果又能依之實修的話，這又再次加深聞法的習氣。接著我們禪修兩三分鐘，懂得禪修的人就如是禪修，不懂得如何禪修的人，也可以試著去禪修，這也會幫助你加深習氣。

▍真快樂不靠添加物

我們世間凡夫都會有一種恐懼，這種恐懼來自於擔心外在有什麼事物會傷害到自己，讓自己很痛苦，因此會想盡辦法想不被傷害，總之我們害怕的都是外在的事物。

然而一個修行者，尤其修持噶舉大手印的行者，他們知道其實無需害怕外在的事物，事實上害怕也沒有用，真正應該要害怕的是自己的心，因為一旦心沒有安住於實相，而是渙散顛倒的話，那麼又會落入輪迴受苦，這才是最需要害怕的事情。

世間凡夫追求的是外在的感官享受，認為那才是快樂，或者嚮往出名、有權有勢等等。然而事實上，感官的享樂沒有任何意義，雖然會得到一些短暫的快樂，但是隨著年紀漸增，這一切快樂的真相，也就是痛苦的本質就會顯露出來。就如同電池的電，是一點一點累積充飽，也因此在逐漸使用之後，就會用完一般，世俗的快樂也有耗盡的一天，隨之就開始痛苦了。因此這種快樂是一點也不牢靠的。

唯有安住在自心本性、大手印實相，才能帶來究竟的快樂。這種快樂不會完盡，也不會剎那變換，之所以如此，是因為這種快樂不是從外在添加、累積而得來的，所以自然也不會剎那剎那地消失不見。這樣的快樂才是穩定的，是值得信賴的。總之身為大手印的行者，你所害怕的和所信賴的，需要跟一般世俗人的不同。

第七章　當「平常心」如新月微笑了

第八章

讓我心深處的「空悲藏」出土

母親之所以自然對於孩子生起悲心，
是因為心中的如來藏本具著悲心。同理，我們觀修開啟的悲心，
也是我們如來藏本具的悲心。

接下來的偈頌，談的是悲心與大手印的雙融，或者悲心自性之修持祈願。

　　一切眾生本性恆為佛，未悟如是故轉輪迴中，
　　祈願心中生難忍大悲，憫念苦痛無邊眾含識。㉒

一般而言，善心的實踐分為慈心、悲心兩種，悲心是希望消除痛苦，慈心是希望眾生得到快樂，這兩者有所不同。當我們修持發心或禪修時，主要以悲心為主，因為有了悲心，慈心會自然生起。佛法中不僅提及悲心及慈心，也談到慈、悲、喜、捨四無量心，這一切都可以包含在悲心當中。

▌從分別到不分別

剛開始修持悲心的時候，首先生起的是世間帶有分別的悲心，如同母親對於孩子的悲心。事實上，一個母親之所以自然對於孩子生起悲心，是因為母親心中的如來藏本具著悲心的自性，因此，雖然開始時修持的是世間分別的悲心，然而透過持續地修持，最終我們真正開啟的悲心，是我們如來藏

本具的悲心自性，這是最重要的。如來藏的悲心自性，不會受到任何因緣的影響而改變，也不像是帶有分別的世間悲心那樣，偶爾會被遺忘或失去。

由於自心的實相，和眾生的心的實相毫無差別，因此當我們在修持自心實相大手印時，也就是在修持眾生的心的實相。續典中有一句話：「修持一切眾。」行者因為了悟到實相遍及一切眾生的心性，因此當他在禪修自心實相時，就是在「修持一切眾生」的自性。

▎前輩修得好，後代行者有福報

密勒日巴尊者曾說：「未來噶舉的弟子，雖然無法像我一樣精進地修持，然而藉由我實修的緣起，他們的修持還是都能成就。」我們之所以可以得到這樣的利益，就是因為我們的實相和尊者的實相是一樣的。

尊者在修持自心實相時，也就是正觀修持眾生的實相，因此可以透過尊者修持的力量，幫助我們未來不用那麼辛苦。然

而，眾生的心性實相雖然毫無差別，但是各自有著不同的覆障，還是需要依靠各自的努力修持，才能將之斷除，而同時尊者的實修力量也在背後利益著我們。

就像之前所說，因為實相是沒有差別的。所以如何斷除煩惱覆障呢？就是依靠尊者斷除覆障的實修力，加上自己實修的力量而斷除。事實上，我們不僅得到密勒日巴尊者的力量，還有馬爾巴大師、岡波巴大師實修的力量，以及歷代噶瑪巴的修持力量，在眾緣和合之下，我們的大手印修持才得以順利。密勒日巴尊者也說：「未來了悟大手印的人，將無有間斷的出現。」

▍空悲藏

自性實相的悲心，自然地遍及一切萬法，這是我們要開展的悲心。妄念所成的悲心，無法恆時遍及一切眾生，是時有時無的。就算之前提到過，還在不淨階段的凡夫眾生，在其如來藏的自性當中，也存在著這樣的悲心，只是它受到暫時的瞋心煩惱所遮蔽，因此顛倒錯亂地在作用著。所以偈文說：

「一切眾生本性恆為佛，未悟如是故轉輪迴中，祈願心中生難忍大悲，憫念苦痛無邊眾含識。」

「眾生的自性本為佛，由於未悟此性，因此顛倒地落入輪迴當中，實在可悲。」我們首先以這樣帶有分別的世俗悲心起頭，然後慢慢安住到勝義實相的悲心。初學者如果不先生起帶有分別的悲心，是無法知曉何謂實相的悲心。這種實相的悲心也稱為「無所緣悲」，意思是這樣的悲心，遠離了一切的戲論。它還有另外一個名稱是「空悲藏」，意思是空性本質當中具有的悲心，另外也可稱之為「自生圓成悲」。

當我們於自心持續修持這樣的悲心，一個詞形容為「悲心之增益」，意思是行者這時已能安住於悲心的自性，也就是究竟實相當中。

▋以大悲心，現忿怒相

大乘的修持，從最初的皈依發心，到觀修本尊，持咒，修持禪定，一直到最後的迴向，這一切的修持，都不離悲心的自

性，甚至觀修忿怒本尊時，也要以悲心而修，經典中說，如果沒有悲心而觀修忿怒尊，例如帶著我慢、嗔心而觀修的話，來生將會投生為鬼類或羅剎。過去藏地有些行者，由於不具備無所緣的悲心，而是帶著煩惱、嗔恨、我慢而觀修忿怒尊，因而投生為厲鬼，據說這個厲鬼的模樣，就和他生前觀修的本尊長得一樣。希望大家不要重蹈覆轍。

透過上述的大手印，悲心自性的修持，行者在輪迴未空前，任何利益眾生的行持，都不會受到輪迴過患所染污。傳統上，會用蓮花來比喻不受污染的大悲心，蓮花生長在水中，但它無法生長在乾淨的水中，而是要生於淤泥當中，但它不受淤泥所染。實相的悲心，因此它遠離戲論，所以不會受到輪迴過患所染污；帶有分別的悲心，卻會受到染污，因為它帶有執著，執著會招致染污。

因此，我們說觀音示現的形象，是手捻蓮花，象徵他具備如來藏的悲心，同時在輪迴中利益眾生時，是如同蓮花一般出污泥而不染的。在一部佛經當中提到觀修空性的重要性，如果能夠觀修空性，就算為了利益一個眾生而下地獄，也不會被惡道所染污。

大家可試著觀修兩分鐘「無所緣大悲」，懂的人就如是觀修，不懂的也可試著練習。

▌所向披靡大悲心

接著偈文是：

> 難忍大悲妙勢無礙力，悲念爾時空義赤裸現，
> 唯願晝夜不歇續修持，無謬無誤雙運殊勝道。㉓

大乘顯密佛法當中，常會提到一個用詞：心性明光，「明光」指的就是這裡第一句提到的「難忍大悲」，而明光具有清淨客塵煩惱、消除垢染的力量，不僅是清淨自身的垢染煩惱，也幫助眾生得到清淨。

大手印傳統當中，有一個特殊的用詞叫「心的妙勢」，這裡在說的，就是各種的顯相，由於各種顯相皆從心的自性和潛能當中自然生出，因此稱之為心的妙勢，由此可知，萬法諸相皆和自心無二無別。而一切眾生的心相和妄念，都是大手

印的妙勢，我們應該幫助眾生逐步地體悟到這一點。

第二句「悲念爾時空義赤裸現」：這樣的大悲之念生起時，要觀修其本質即是離戲空性，不然，如果對於這樣的悲心生起了貪執，就會成為修道的障礙。因此後文提到「雙運殊勝道」，意思是要具備空性和悲心不二，或者說是大手印和悲心雙運的修持。

「唯願晝夜不歇續修持，無謬無誤」，意思是要祈願自他一切眾生，都能持續這樣無謬無誤的殊勝修持。

如此的修持，能夠帶給行者什麼樣的利益呢？就像經典所說：「因智不住於輪迴，因悲不住於寂滅。」意思是，實相義即是智慧，所以不會受到輪迴的染污；而實相義的本質即是大悲心的自性，所以也不會落入寂滅邊，而能利益眾生。

佛陀說法時，對於悲心較少者，因為他們一開始無法修持大悲，因此只對他們宣說寂滅的修持，然而最終還是會引導他們進入大悲之道，幫助他們心生大悲。

噶舉派而言，起初就會先修大悲心。雖然有些人剛進入法道

時難以生起悲心，但是透過善巧方便帶領，也能夠幫助他們生起悲心。如同佛陀對於某些缺乏福緣、法緣者，或甚至魚和蟲，都能以善巧方便之道帶領牠們進入教法。

█ 本尊、淨土、越量宮，都是大悲化現

當「空悲藏」的修持有所進展，大悲嫻熟任運時，色法和音聲也都會成為悲心的自性。例如初學者在觀修觀音菩薩的時候，會覺得觀音菩薩一面四臂等等身形色法和悲心是相異的，但隨著修持的深入和開展，了悟到菩薩的色身和其悲心是無別的。由於行者了悟到色心無二，因此觀音的白色身相及周身的嚴飾珍寶等，都是悲心的自性。

同時行者也會瞭解到觀音菩薩的莊嚴宮殿，也是顯空不二，這裡的顯是指本尊宮殿，空指的就是心，所以說，宮殿的樑柱、門扉，也都不離悲心。在一些密續的儀軌中會提到「身土無二」，這裡的身是指法身，法身即是悲心，土是指本尊的淨土、壇城、宮殿等等。因此本尊身、悲心，和淨土、壇城是無二無別的。大家可以抽空，只要花兩分鐘時間，觀修

身心無二、本尊身與淨土無二，長此以往，必能有所收穫。

▌惡人無膽

在金剛手菩薩的儀軌中提到：「心為慈心，身為憤怒。」也
就是說身相示現為忿怒相，但心是慈心。為何要外顯為忿怒
相？因為羅剎鬼神不喜歡寂靜相本尊，而較為喜歡與他們容
貌相似的羅剎鬼神，所以寂靜相無法調伏鬼神羅剎。金剛手
菩薩出於善巧方便，於是化現為他們喜歡的忿怒相，來引導
他們，讓他們聽聞佛法、得到利益。

往昔佛陀本生傳曾有一故事說，佛陀示現為羅剎鬼，因為
他知道某些大惡人在某地群聚，因此他以羅剎鬼形象來到
這群人前，和他們說，「你們不准造惡，如果敢造惡，我就
把你們全都一個一個吃了！」嚇得他們完全不敢造惡，由於
佛陀的加持攝受力，他們來世沒有落到地獄道，而都投生
到天界。

如此瞭解之後，我們就知道忿怒尊並非因為瞋恨心驅使，而

示現為此形象，而是源於大悲心的功德。因此例如二臂瑪哈嘎拉等等都是同樣道理。這個觀念非常重要，因為當你供養或修持瑪哈嘎拉等忿怒尊時，帶有正確觀念，才會有所助益，不然很容易生起邪見。

因此有時當我們自觀為忿怒本尊而做修持時，最主要的發願是：若在未來有難以調伏的眾生時，我願以此忿怒相來利益他們。傳統上來說，做忿怒尊觀修時，都要生起菩提心，但由於利益、調伏的對象有所不同，因此生起菩提心的方式上也會稍有不同。

第九章

佛果熟了

水果熟了，會自然發出香味，
修行人的心成熟，也會有自然現起的功德，
大手印修到位，有哪些徵兆？

接下來的偈頌，是對禪修大手印果位的祈願。

　　禪修所生五眼與六通，成熟眾生淨修成佛剎，
　　修持佛德等願咸圓滿，祈願圓、熟、清淨等正覺。㉔

▎一、修持「成熟」時

修持會帶來眾多的成果，這裡提到了五眼、六通。

五眼

所謂「五眼」，一般而言，在菩薩階段也會有五眼六通，這與佛陀階段的五眼六通有點差別，首先講解一下菩薩階位時的五眼六通：

一．肉眼：這是指肉眼的一種特殊能力，可以看得更遠，甚至可以穿透看到地下。經典中說，菩薩的肉眼不僅能見到此世間，更能見到遠處的無量世間，且當他們觀見無際的世間時，就彷若在眼前一般的清晰。

二 . 天眼：接著具備「天眼」，也就是觀知每個眾生過去從何而來，未來又將投生何處的能力。過去密勒日巴尊者傳記中也記載，尊者也有如此的能力。同時天眼還能見到「中陰眾生」，歷史上記載，過去一些祖師可以和中陰的眾生說話，為其講法利益他們。

三 . 慧眼：接下來為「慧眼」，也就是清楚了知一切空性、無我、如來藏的義理。

四 . 法眼：再來為「法眼」，也就是能夠了知眾生因果，例如知道某個病人是何因緣而生病，或者某人開心快樂，也知道是何因緣如此。

同時法眼也能看清眾生不同根器，知道有些人適合修持密法，有些人適合顯乘，有些人可能只適合修持止禪為佳等等。也因此，可以說出適合眾生的法教，分別給予止、觀、忿怒尊、寂靜尊等不同教導。

不應機、不適合根器的教法是無法帶來利益的，譬如對於只有止禪根器的行者，如果講說太深的教法，對他是起不到作用的。過去佛陀、大成就們都會觀機施教，對大乘種姓者

說大乘法，對聲聞種姓者說聲聞法等，但現代多是看眾生喜好、興趣為何，而給予相應的法教。往昔灌頂傳統是要看弟子根器來給予，現代則是看弟子的意樂、興趣而給予。

總而言之，法眼不僅觀知眾生根器、種性，也知曉眾生意樂為何。

五. 佛眼：佛眼是照見萬法皆是菩提自性。菩薩和佛都具有五眼，差別是菩薩的五眼仍有所限制，不夠圓滿。

六通

接下來講「六通」：

1. 神境通（又稱神足通）：如同往昔馬爾巴、密勒日巴、噶瑪巴希等大成就者，都會示現證悟大手印後的各種神通變幻，這是第一種。

2. 天眼通：這和剛剛談到的五眼中的天眼一樣，能夠觀照到眾生未來投生到哪裡，異熟果是什麼等等。不同處在於，天眼只能照見到清淨的對境。天眼通則無論是清淨或不清淨的

對境，都能照見。

3. **天耳通**：能夠聽到遠方的聲音，不只這個世界，還包括他方世界的各種聲音，例如現在科學家能夠聽到木星的聲音。菩薩的天耳通還有限制，然而佛陀的天耳通能知曉一切。

4. **他心通**：知道他人心中所想為何。菩薩的他心通還有一些覆障，因此有所限制，而佛陀則全都可知曉。

5. **宿命通**：知道自己和一切眾生的過去生為何。菩薩與佛的差別，在於所知道的多寡，菩薩仍是有限制的。密勒日巴、噶瑪巴希等大成就者斷證功德與佛等同，應該都能了知所有眾生的宿命。佛陀在本生傳中不僅說出自己過去多生多世的故事，也提到其他眾生包括目犍連、舍利弗等過去生故事，代表他能瞭解無量的過去，這是宿命通。

6. **漏盡通**：知道哪種煩惱可以斷除的神通，一般而言，聲聞、緣覺、阿羅漢等都有漏盡通，但也是有限制的，佛陀的漏盡通是更為圓滿、全面的。馬爾巴曾經對密勒日巴說：「你已清淨大部分罪業，但仍有部分煩惱未清淨。」能這樣說，這代表他已有漏盡通，密勒日巴、岡波巴、噶瑪巴等大

師，也都具有這種能力而利益眾生。

以前五通而言，世間天神也有這部分的能力，但他們是缺乏漏盡通的。世間天神也具備前述五通，但五通相對很微小，無法與聲聞、緣覺、菩薩相比。還有一種說法是，佛陀的本智，完整包含了五眼六通，因此無需再有區分，五眼六通的分別，主要是在修道階段才有的差別。

佛果成熟的徵兆

1. 於法、於上師「恆常歡喜」

透過上述五眼六通，而能成熟利益眾生。「成熟」的意思，就像白話說的「這食物熟了，吃了對身體有幫助」一樣，不成熟時，吃了對身體是不好的。

因此我們看到佛陀初轉法輪時，聞法的五比丘和許多阿羅漢，過去生中，他們身為魚鳥的時候，佛陀就不斷透過布施、忍辱等等方式和他們結緣、利益他們，佛陀知道未來有一天，他們的機緣一定會成熟，覆障會消除，並會證得果

位，就像果實成熟一樣。那個時候，他們只要一聽到佛陀說法就證得果位，不用一兩天、甚至不用一兩個小時，那是因為往昔的「養成、成熟」已經達到某個階段，因此一接觸到教法時就能領悟了。

在成熟他人前，首先自己要先成熟，換句話說，自己要透過大手印的修持而使自心成熟，自己會具備某些「成熟」徵兆，比如「恆常歡喜」，對於依止上師、聽聞佛法、修持佛法等都十分歡喜，而且不會退失，不會因為突然遇到逆緣或障礙，就退失道心，若能常保這種不退失的歡喜心，就是你已經成熟的一個徵兆。

2. 深信四種不可思議

佛陀曾經開示過「四種不可思議」。深信四種不可思議即是「成熟」的徵兆，例如：

(1)**佛智不可思議**：連大聲聞舍利弗，或者大菩薩如觀音菩薩等，也無法瞭解佛陀的智慧，只能夠透過信心，深信佛陀具有甚深、廣大的智慧。

(2)業果不可思議：只有佛陀能夠知曉什麼業力會導致什麼結果，聲聞、菩薩無法像佛陀知道完整的業果，只能相信業果是不可思議的，這樣的一種相信，也是一種成熟徵兆。

這裡不一一多加贅述，總之對於四種不可思議的深信，就是成熟的徵兆。

3. 斷除煩惱、具足悲心

再一個成熟的徵兆，是自己徹底寂靜、斷除煩惱，意思是不再會因為某些惡緣或情況，而讓自己的寂靜受到動搖，能夠持續保持在寂靜、斷煩惱之中。

此外，具足悲心，也是成熟的一種徵兆。一般人的悲心是初時具備，但後來覺得太困難太累，就會放棄，這代表悲心尚未成熟。悲心成熟的意思是，你願意為了幫助他人消除一點點的痛苦，自己承受如同地獄一般的痛苦。

4. 通曉佛理而信心堅固

再來一種成熟徵兆，是對於佛理通曉而具備完全不動搖的信

心，比如你透過學習中觀的大緣起因、離一異因，和量學的現量、比量而對甚深佛法生起信心，對這些理論都有定解，不會輕易被外道的道理所撼動。

有些人可能跟隨一位精通中觀的堪布學習很久，之後接觸到某位比這位堪布說得更好的外道、邪師之後，就改變了信仰。往昔有一些故事說，有人一剛開始在佛教老師那邊學習中觀或量學，之後也成為一位博學者，但是某天接觸到外道更加深奧的理論之後，又改變了信仰，這可以說他還沒有通曉佛理，理路還未成熟。

我們都應該要具備這樣的佛法理路的成熟，所以要學習中觀及量論。不同的「成熟徵兆」共有九種，在佛經當中都有個別談到，然而在《莊嚴經論》中彙整為這九種。

先自成熟，後令他成熟

自身成熟後，接著要成熟眾生。幫助眾生成熟，有以下五種方式：

1.「遠離煩惱」的成熟：

首先幫助眾生遠離煩惱，往昔眾生因為煩惱而備受痛苦，我們以善巧方便，幫助他們能夠遠離煩惱。

2.「圓滿」的成熟：

我們以布施、持戒等等善巧方便，幫助眾生依其根器，達到圓滿的果位，例如聲聞、緣覺、菩薩、佛的果位。

3.「證悟」的成熟：

你證悟到無我，也幫助眾生證悟無我；你證悟大手印，也幫助眾生證悟大手印。這種成熟利益眾生並非短期之事，而是任何時刻、持續不斷成熟、利益眾生。

4.「增進」的成熟：

不僅幫助他達到阿羅漢果位，更幫助他增進、達到大乘果位，或本來是進入大乘加行道，幫助他進入見道，不僅是進入到見道初地，更不斷成熟、達到二地、三地等等。

5.「特殊」的成熟：

無法透過以上遠離、證悟等方式而成熟的話，就以「特殊」的成熟，也就是給予密乘灌頂而利益眾生。這是特別快速的成熟方式，是經乘沒有提及的，只在密乘特有的利益眾生之法。這種透過灌頂的成熟是無困難、難度較低，也不需要如同經乘般需要很長時間，對傳授者來說比較容易，對接受成熟利益者來說也可快速得到利益。

密續中也有許多幫助眾生成熟之法，譬如食用加持物，或聽聞咒語而得到成熟，例如放生時，在水中施放加持物、持誦咒語，幫助水族成熟，得到利益。

二、修持「清淨」時

接下來談到第二句後半「淨修成佛剎」，「佛剎」也是要去淨修的，也就是透過修持，讓器世間成為清淨，意思是佛教得到興盛，眾生也能修證佛果。

而且你淨修的不僅限於此世間，也同樣地將無量世間轉為清淨，就如同〈普賢行願品〉中所提：「普能嚴淨諸剎海，解脫一切眾生海」，如海般廣大的國土都得以清淨、如海般眾多的眾生也得以解脫、成熟等等。

清淨佛剎能力，隨修行者在初地、二地等不同階段，也會有所差別，直到成佛之時，這種清淨佛剎的力量就會是圓滿、不可思議的，例如佛陀在靈鷲山說法時，雖然靈鷲山僅是一座小小的山峰，但經典中記載，當時佛陀端坐在比此世間還廣大的珍寶所成之大地上，而無量眾生，例如天人、人類等聚集在此聽法時，也毫無緊迫擁擠之感，每一個眾生都覺得自己是在佛陀跟前，無有遠近之別。同時，也因為這種清淨佛剎力量，佛陀說法時間再長，與會大眾都不會有任何不適，例如不會有口渴、日曬炎熱等等問題。

密續法門中，也有提及淨修佛剎的方式，例如做本尊觀修時，要觀想外在器世間都成為本尊壇城，內在有情眾生都成為本尊等。

給予密乘的大灌頂時也是相同，要觀想身處的地方即是壇城，所有眾生都是本尊等等，這也是清淨佛剎的方式之一。

▎三、修持「圓滿」時

接下來談到第三句「修持佛德等願咸圓滿」，佛陀為幫助眾生修持佛的功德等等願望都能圓滿。經典中記載，佛陀的每一次呼吸，都在利益眾生。修心教法中有透過呼吸領受眾生痛苦、給予眾生喜樂的教法「施受法」，就是為了修成佛陀「圓滿」的功德而修。甚至佛陀在接受托缽供養時，每一口飯都是為利益眾生而受用。同樣地，佛陀周身散發無量光芒，每一道光芒都在利益著眾生。

密勒日巴、噶瑪巴希等大成就者也有一些類似佛陀的功德。例如噶瑪巴希曾說：不論白天醒著或者晚上睡著的任何時刻，無時無刻都在利益眾生。事實上，歷代噶瑪巴的示現也是如此。

以上談到了佛陀的無量利眾功德，需要透過無量的祈願才能達成。因此這裡提到要廣大的發願。

第四句說到「祈願圓、熟、清淨等正覺」。剛剛所說圓滿、清淨、成熟等三種方式，相對而言，聲聞、菩薩仍有所限制，只有佛陀的圓滿、成熟及清淨力量，才是圓滿的。

第十章

祈願迴向

阿賴耶智的善，超越了前因後果的相對善，
而是本具的一種善，因為它，我們的祈願都能成就。

接下來是祈願文最後的一個圓滿偈文：

> 十方諸佛菩薩大悲力，一切鮮白善業聚集力，
> 祈願我等一切有情眾，清淨發願如理皆成就。㉕

我們的祈願之所以能夠成就，是因為匯聚了一切諸佛的大悲願力而能如理成就。

諸佛菩薩挺你，自己更要努力

十方諸佛無量無邊，無論是現在住世的諸佛，或者即將新成佛的諸佛，都是無量的。經典說世間是無量的，而每一分鐘裡的剎那，也是無量的。而在每一剎那中，無量的世間都有一人成佛。因此，我們只是在此一天，無量世間中已有無量的諸佛成就。

同樣經典也說，在每剎那中，有無量眾生得證菩薩八地、九地、十地，或者成就阿羅漢果位，同時也有無量密續大手印修持者得到成就，因此成就者數量也是無量。

依靠諸佛菩薩、聖者的大悲力，加上自身清淨鮮白的善業聚集力，祈願現在無數讀者的祈願，和其他世間也有許多眾生所發的清淨善願，這一切一切的善願都能成就。

▍從阿賴耶智，發願當下成就

當下成就的發願，是從「阿賴耶智」發起，「阿賴耶智」或可稱為如來藏，即是「阿賴耶識」的本質與實相。阿賴耶智的本質為善，相對於布施、持戒、忍辱等等的修持，是在之後才能生出結果的，而阿賴耶智的善，超越了因果前後的發生，而是本具的一種善，也因為此本智的善，我們的祈願都能成就。

從證悟阿賴耶智、本俱佛性的角度來發願，各種解脫、行善的力量會更大，這才是甚深的發願。在噶瑪巴希教言中提到噶舉的一段祈願文：「賴耶發心壇城中，祈願一切有情眾。」意思就是說從阿賴耶智、本俱善中的發願或迴向，它才是真正有力量的。

因此當我們祈請上師長壽、佛教興盛時，若是能從阿賴耶智、如來藏、本質善去做祈願的話，才會是真正有力量的祈願。

到此，在法王噶瑪巴指示下，我已經簡略講解《了義大手印祈願文》，希望將此聽聞佛法的功德，迴向法王噶瑪巴尊者長壽，祈願法王儘速回到隆德寺，祈願佛教興盛、法王事業廣大、利益無量的眾生。（圓滿）

國家圖書館出版品預行編目(CIP)資料

就是這樣:《了義大手印祈願文》釋論 /
第三世大寶法王噶瑪巴讓炯多傑原典作 ;
羅卓仁謙原典譯 ; 國師嘉察仁波切釋論作
; 堪布羅卓丹傑釋論譯. -- 初版. -- 新北市:
眾生文化, 2019.04
160 面 ; 17x22公分 -- (經典開示 ; 23)
ISBN 978-986-6091-96-4(精裝)

1.藏傳佛教 2.佛教修持

226.965   108003651

經典開示 **23**

就是這樣──《了義大手印祈願文》釋論

原典作者	第三世大寶法王噶瑪巴 讓炯多傑
原典譯者	羅卓仁謙
釋論作者	國師嘉察仁波切
釋論譯者	堪布羅卓丹傑
發 行 人	孫春華
社　　長	妙融法師
總 編 輯	黃靖雅
執行主編	李建弘
封面設計	阿力
封面攝影	殷裕翔
圖片提供	大吉祥寺、噶舉大祈願法會
版面構成	張淑珍
行銷企劃	黃志成
發行印務	黃新創

台灣發行　眾生文化出版有限公司
　　　　　地址：220 新北市板橋區四川路2段16巷3號6樓
　　　　　電話：886-2- 89671025　傳真：886-2- 89671069
　　　　　劃撥帳號：16941166　戶名：眾生文化出版有限公司
　　　　　電子信箱：hy.chung.shen@gmail.com　網址：www.hwayue.org.tw

台灣總經銷　紅螞蟻圖書有限公司
　　　　　地址：114台北市內湖區舊宗路二段121巷19號
　　　　　電話：886-2-2795-3656　傳真：886-2-2795-4100
　　　　　電子信箱：red0511@ms51.hinet.net

香港經銷點　佛哲書舍
　　　　　地址：九龍深水埗白楊街30號地下
　　　　　電話：852-2391-8143　傳真：852-2391-1002
　　　　　電子信箱：bumw2001@yahoo.com.hk

初版一刷　　2019年4月
定　　價　　360元
I S B N　　978-986-6091-96-4 (精裝)

眾生文化出版書目

噶瑪巴教言系列

1	報告法王：我做四加行	作者：第十七世大寶法王 鄔金欽列多傑	300 元
2	法王教你做菩薩	作者：第十七世大寶法王 鄔金欽列多傑	320 元
3	就在當下	作者：第十七世大寶法王 鄔金欽列多傑	500 元
4	因為你，我在這裡	作者：杜松虔巴	350 元
5	千年一願	作者：米克·布朗	360 元
6	愛的六字真言	作者：第 15 世噶瑪巴·卡恰多傑、第 17 世噶瑪巴·鄔金欽列多傑、第 1 世蔣貢康楚仁波切	350 元
7	崇高之心	作者：第十七世大寶法王 鄔金欽列多傑	390 元
8	深藏的幸福：回憶第十六世大寶法王	作者：諾瑪李維	399 元
9	吉祥如意每一天	作者：第十七世大寶法王 鄔金欽列多傑	280 元
10	妙法抄經本＿心經、三十五佛懺悔文、拔濟苦難陀羅尼經	作者：第十七世大寶法王 鄔金欽列多傑	300 元
11	慈悲喜捨每一天	作者：第十七世大寶法王 鄔金欽列多傑	280 元
12	上師之師：歷代大寶法王噶瑪巴的轉世傳奇	講述：堪布卡塔仁波切	499 元
13	見即解脫	作者：報恩	360 元
14	妙法抄經本＿普賢行願品	作者：第十七世大寶法王 鄔金欽列多傑	399 元
15	師心我心無分別	作者：第十七世大寶法王 鄔金欽列多傑	280 元
16	法王說不動佛	作者：第十七世大寶法王 鄔金欽列多傑	340 元
17	為什麼不這樣想？	作者：第十七世大寶法王 鄔金欽列多傑	380 元

講經系列

1	法王說心經	作者：第十七世大寶法王 鄔金欽列多傑	390 元

經典開示系列

1	大願王：華嚴經普賢行願品釋論	作者：堪布 竹清嘉措仁波切	260 元
2	唯一：大手印大圓滿雙融心髓	原典：噶瑪恰美仁波切、釋論：堪布 卡塔仁波切	380 元
3	恆河大手印	原典：帝洛巴尊者、釋論：第十世桑傑年巴仁波切	380 元
4	放空	作者：堪布 慈囊仁波切	330 元
5	乾乾淨淨向前走	作者：堪布 卡塔仁波切	340 元
6	修心	作者：林谷祖古仁波切	330 元
8	除無明闇	原典：噶瑪巴旺秋多傑、講述：堪布 卡塔仁波切	340 元
9	恰美山居法 1	作者：噶瑪恰美仁波切、講述：堪布卡塔仁波切	420 元
10	薩惹哈道歌	根本頌：薩惹哈尊者、釋論：堪千 慈囊仁波切	380 元
12	恰美山居法 2	作者：噶瑪恰美仁波切、講述：堪布卡塔仁波切	430 元
13	恰美山居法 3	作者：噶瑪恰美仁波切、講述：堪布卡塔仁波切	450 元
14	赤裸直觀當下心	作者：第 37 世直貢澈贊法王	340 元

15	直指明光心	作者：堪布 竹清嘉措仁波切	420 元
16	達賴喇嘛說金剛經	作者：達賴喇嘛	390 元
17	恰美山居法 4	作者：噶瑪恰美仁波切、講述：堪布卡塔仁波切	440 元
18	願惑顯智：岡波巴大師大手印心要	作者：岡波巴大師、釋論：林谷祖谷仁波切	420 元
19	仁波切說二諦	原典：蔣貢康楚羅卓泰耶、釋論：堪布 竹清嘉措仁波切	360 元
20	沒事，我有定心丸	作者：邱陽‧創巴仁波切	460 元
21	恰美山居法 5	作者：噶瑪恰美仁波切、講述：堪布卡塔仁波切	430 元
22	真好，我能放鬆了	作者：邱陽‧創巴仁波切	430 元
23	就是這樣：《了義大手印祈願文》釋論	原典：第三世大寶法王噶瑪巴 讓炯多傑、釋論：國師嘉察仁波切	360 元

禪修引導系列

1	你是幸運的	作者：詠給 明就仁波切	360 元
2	請練習，好嗎？	作者：詠給 明就仁波切	350 元
3	為什麼看不見	作者：堪布竹清嘉措切	360 元
4	動中修行	作者：創巴仁波切	280 元
5	自由的迷思	作者：創巴仁波切	340 元
6	座墊上昇起的繁星	作者：堪布 竹清嘉措仁波切	390 元
7	藏密氣功	作者：噶千仁波切	360 元
8	休息在陰影中	作者：堪布 卡塔仁波切	380 元
9	醒了就好	作者：措尼仁波切	420 元
10	覺醒一瞬間	作者：措尼仁波切	390 元
11	別上鉤	作者：佩瑪‧丘卓	290 元
12	帶自己回家	作者：詠給明就仁波切 ／ 海倫特寇福	450 元
13	佛陀的標準時間	作者：舒雅達	380 元
14	愛與微細身	作者：措尼仁波切	399 元
15	禪修的美好時光	作者：噶千仁波切	450 元
16	鍛鍊智慧身	作者：蘿絲泰勒金洲	350 元
17	自心伏藏	作者：詠給‧明就仁波切	290 元
18	行腳──明就仁波切努日返鄉紀實	作者：詠給‧明就仁波切	480 元
19	中陰解脫門	作者：措尼仁波切	360 元
20	當蒲團遇見沙發	作者：奈久‧威靈斯	390 元
21	動中正念	作者：邱陽‧創巴仁波切	380 元
22	菩提心的滋味	作者：措尼仁波切	350 元
23	老和尚給你兩顆糖	作者：堪布卡塔仁波切	350 元
24	金剛語：大圓滿瑜伽士的竅訣指引	作者：祖古烏金仁波切	380 元
25	最富有的人	作者：邱陽‧創巴仁波切	430 元

儀軌實修系列			
1	金剛亥母實修法	作者：確戒仁波切	340 元
2	四加行，請享用	作者：確戒仁波切	340 元
3	我心即是白度母	作者：噶千仁波切	399 元
4	虔敬就是大手印	原作：第八世噶瑪巴 米覺多傑、講述：堪布 卡塔仁波切	340 元
5	第一護法：瑪哈嘎拉	作者：確戒仁波切	340 元
6	彌陀天法	原典：噶瑪恰美仁波切、釋義：堪布 卡塔仁波切	440 元
7	藏密臨終寶典	作者：東杜法王	399 元
8	中陰與破瓦	作者：噶千仁波切	380 元
9	斷法	作者：天噶仁波切	350 元
10	噶舉第一本尊：勝樂金剛	作者：尼宗赤巴・敦珠確旺	350 元
11	上師相應法	原典：蔣貢康楚羅卓泰耶、講述：堪布噶瑪拉布	350 元
12	除障第一	作者：蓮師、秋吉林巴，頂果欽哲法王、烏金祖古仁波切等	390 元
心靈環保系列			
1	看不見的大象	作者：約翰・潘柏璽	299 元
2	活哲學	作者：朱爾斯伊凡斯	450 元
大圓滿系列			
1	虹光身	作者：南開諾布法王	350 元
2	幻輪瑜伽	作者：南開諾布法王	480 元
3	無畏獅子吼	作者：紐修・堪仁波切	430 元
4	看著你的心	原典：巴楚仁波切、釋論：堪千 慈囊仁波切	350 元
5	椎擊三要	作者：噶千仁波切	399 元
如法養生系列			
1	全心供養的美味	作者：陳宥憲	430 元

580406